JN438465

그리움은 늙지 않는다

진안 마이산 전경

그리움은 늙지 않는다

하광호 수필집

수필과비평사

작가의 말

삶은 곧 여정旅程이다. 산다는 것은 새로운 여행을 하면서 또 다른 나로 태어나는 것이다. 일상 중에서 가슴 뭉클했던 순간들, 취미 생활에서 얻은 소소한 일들이 한없이 나약하고 부족한 나를 일깨워 주곤 했다.

제2의 삶 중 텃밭에 채소를 심어 탐스런 열매를 거두면서 거짓 없는 땅의 소중함을 알게 되었다. 씨앗을 심고, 풀을 뽑고, 가림막을 해주고, 지지대를 설치하며 글공부에 더 심취하게 되었다. 글 쓰는 일도 농부가 피땀으로 알곡을 빚어내는 일과 다르지 않았기 때문이다. 초보 농사꾼이 실패를 거듭하며 인내심을 익히고, 노력의 소중함을 다시 체득하며 오늘에 이르렀다.

살아온 길을 돌아보니 어떻게 살아왔는지 그저 막연한 생각뿐이다. 돌이켜보면 내 인생의 뜰에 크나큰 성취는 없었다. 야무진 꿈은 꾸지 못하고 실천도 부족했다. 그러나 온 대지가 추수를 기약하는 가을에 부끄러운 자화상이지만 수확하고 싶은 마음에 용기를 내게 되었다. 설익은 과일을 따는 듯한 심정이다.

오늘도 태양이 힘차게 떠오른다. 어둠이 사라지고 밝은 빛으로 우주가 찬란하다. 새벽은 늘 나를 설레게 한다. 긴 하루가 모인 한 해, 한 해가 두껍게 쌓인 인생이 얼마나 고되고 당차고 귀한지 깨달아 가고 있다.

이 글을 읽으면서 어느 한 사람이라도 '맞아! 그렇지, 그럴 수도 있지, 잘했다 잘했어.'라며 공감한다면 더 없는 보람이 될 것 같다.

수필에 입문하는 순간부터 수필가로 등단하기까지 늘 격려하고 이끌어주신 고 김학 스승께 감사드린다. 용기와 힘을 내도록 수필평을 해주신 임헌영 스승과 평소 수필 지도를 해주고, 발문을 흔쾌히 써주신 전일환 스승께도 머리 숙여 감사드린다.

서울디지털대학교 수필동아리 수수밭과 수수밭길 동인들과 책으로 엮을 수 있게 도와준 모든 분들께도 이 자리를 빌려 고마운 마음을 전한다. 또한 글을 쓸 때마다 옆에서 묵묵히 조언과 격려를 해준 아내와 항상 든든한 버팀목이 되어준 가족들에게도 감사드린다.

내 인생의 화려한 봄꽃도, 우아한 여름꽃도 졌다. 찬바람이 이는 늦가을 들녘 한 포기 들국화 같은 외로운 섬이라고나 할까. 곧 겨울도 올 것이니 심정은 내내 무겁기만 하다.

작고하신 어머님께 이 책을 바칩니다.

2023. 늦가을에

의석 하광호

차례

제 2 부

각시붓꽃을 닮은 아내

제 3 부

마취제 들어갑니다

제 4 부

목돈 찾았는걸요

제 5 부

괜찮아질 거야

제 1 부

✧

마당을 지킨 자두나무

섬진강을 따라가며 보다

'섬진강 매화길 & 동백꽃 봄 마중' 프로그램을 신청했다. 결혼기념일이 며칠 남지 않았다. 역병을 핑계로 기념일을 챙기지 않았지만, 올해만큼은 챙기고 싶었다. 남쪽에서 봄소식을 전해준다는 매화도 보고, 섬진강 길 따라 아내와 걷고 싶은 마음이었다.

지나온 삶을 되돌아보니 아내와 함께한 지도 강산이 세 번이나 훌쩍 넘는 시간이다. 가끔 삐걱거리긴 했지만 나름 참기름을 쳐 레일은 이탈되지 않고 그런대로 굴러갔다. 근래 들어 녹슬어가는 레일을 부드럽게 하고 싶었다. 아내는 익산에서 일한다. 달력에 빨간색인 날은 거의 집에서 보낸다. 침대에 누워 늦잠을 자거나 편하게 쉰다. 화장도 귀찮다며 하지 않는다. 결혼기념일은 매년 돌아왔지만 특별하게 보내지 않아 이제 날짜로만 안다. 첫해부터 몇 년은 꽃다발도 주고 외식도 했다. 십 년쯤 되니 마음도 무덤덤해지고 일이 겹쳐 흐지부지 지나갔다.

나들이를 생각하니 마음부터 설렜다. 드디어 3월 4일 토요일, 섬진강 길 따라 전남 광양 매화마을에 봄 마중 가는 날이다. 새벽부터 일어나 야외용 가방, 개인 텀블러에 커피를 준비했다. 아내는 선글라스에 따뜻한 물까지 보온병에 담았다.

창밖에는 섬진강 물이 유유히 흘러갔다. 윤슬처럼 빛났다. 행사를 진행하는 대표는 섬진강 따라 걷기는 20분 후면 시작된다고 안내했다. 이어서 그는 정현종의 시 「비스듬히」를 읊었다.

> 생명은 그래요/ 어디 기대지 않으면 살아갈 수 있나요?/ 공기에 기대고 서 있는 나무를 좀 보세요// 우리는 기대는 데가 많은데/ 기대는 게 맑기도 하고 흐리기도 하니/ 우리는 또한 맑기도 하고 흐리기도 하지요// 비스듬히 다른 비스듬히 받치고 있는 이여.

서로 기댔다. 아내는 내게 기댔다. 이 나이 먹도록 그래도 당신을 만나서 고마웠다, 나 당신을 위해 남겨진 세월도 함께 살아가고자 한다. 우리는 그렇게 하나가 되었다.

섬진강 길 따라 걸을 때 반짝이는 물빛 포근하게 보였다. 섬진강

발원지는 내 고장 전라북도 진안군 백운면 신암리 데미샘이다. 자연휴양림 숲속인 그곳에서 발원하여 남해 광양만으로 흘러 들어가는 강으로 길이 212km다. 남한에서 한강, 낙동강, 금강에 이어 네 번째 긴 강이다.

고향의 물이라 생각하니 더 살갑다. 흐르는 강물을 보니 폐부까지 씻어내는 듯 상쾌하다. 강가에 대숲도 보였다. 지난해 전주 문우들이 함께 걸었던 곳, 눈에 선했다. 섬진강 길을 걸어가니 김용택 시인 대표 시 「섬진강 1」이 떠올랐다.

> 가문 섬진강을 따라가며 보라/ 퍼가도 퍼가도 전라도 실핏줄 같은/ 개울물들이 끊이지 않고 모여 흐르며/ 해 저물면 저무는 강변에 (…) / 저무는 섬진강을 따라가며 보라/ 어디 몇몇 아비 없는 후레자식들이/ 퍼간다고 마를 강물인가를.

아내와 도란도란 얘기하며 걷다 보니 매화마을에 당도했다. 홍매화가 마을을 온통 덮어버렸다. 활짝 핀 꽃을 보며 "와!"를 연발했다. 손잡고 길 따라 언덕을 오르자 집들 사이로 홍매화가 날 보란 듯 붉은 자태를 뽐냈다. 마을 위쪽 정각 주변도 온통 붉었다. 한 컷 한 컷 셔터를 눌렀다. 인절미, 콩 과자, 매실 포도주를 샀다. 한파 뚫고 터트린 홍매화, 자꾸 눈이 꽃으로 향했다.

그곳에서 1km쯤 떨어진 곳, 전라남도 광양시 진월면 망덕길

249에 있는 '윤동주 유고 보존 정병욱 가옥'을 방문했다. 이곳은 2007년 국가등록 문화재 341호로 지정되었다. 주변엔 망덕포구 갑판 길도 보이고 별 헤는 다리를 건너면 배알도 있다. 윤동주와 정병욱은 연희전문 시절 기숙사와 하숙집에서 2년간 함께 지냈단다. 윤동주는 『하늘과 바람과 별과 시』를 시대적 상황으로 출간을 못 하게 되자, 한 부는 교수에게, 한 부는 후배이자 벗인 정병욱에게 맡겼다. 윤동주는 일본 유학 중 독립운동 혐의로 체포되어 광복 6개월을 앞두고 교도소에서 사망했다. 정병욱은 징병에 끌려가면서 광양 망덕포구에 살고 계시는 어머니께 목숨처럼 소중한 것이라고 윤동주의 원고 보관을 부탁했다.

우리 말 못 쓰게 하는 암울하고 살벌한 시대에 어머니는 마루 밑 항아리 속에 숨겨서 8년 동안 보관했다. 해방된 후 정병욱이 윤동주 유고집으로 발간하여, 시인 윤동주가 태어난다. 백영白影 정병욱 선생은 생전에 '내가 살아오면서 여러 가지 일을 했다. 그중에서 가장 보람된 일은 윤동주의 시를 간직했다가 이 세상에 빛을 보게 한 일이다.'라고 했다고 한다.

지금은 낡은 집을 옛 모습대로 고쳤다. 세월의 흔적을 고스란히 가진 광양의 작은 집, 1925년 지어져 그 세월의 모습을 고이 간직한 집이다. 방문하기 전날 YTN에서 촬영하고 갔다는 해설사 설명이 있었다. 귀가하는 차내 TV에서 '윤동주 유고 보존 정병욱 가옥'에 대한 뉴스를 보니 정병욱 선생이 더욱 새롭게 다가왔다.

여행은 때때로 차원이 다른 세상으로 눈을 밝혀준다. 많이 생각할수록 좋은 것을 얻는다. 홍매화 꽃말은 고결, 정조, 인내다. 아내와 꽃말처럼 그때 그 시절로 돌아갔다. 정현종 시인과 섬진강 시인 김용택을 만났고, 정병욱 선생을 이곳에서 뵈었다. 그 시절로 돌아가 이날만큼은 지난날을 기억하며 세 명의 시인께 가까이 다가갈 수 있었다. 섬진강을 따라가며 보낸 최고의 날이었다.

마중물

전주역 앞에 마중길이 조성되었다. 역 앞에서 명주골 사거리까지 기존 8차선 도로를 6차선으로 줄이고 직선도로를 S자형 곡선도로로 변형해 천천히 달릴 수 있는 길이다. 그 광장에는 작은 도서관과 쉴 수 있는 편의시설까지 갖추고 느티나무 등을 식재하여 푸르름 가득한 녹색 거리이다. 어느 도심에서도 볼 수 없는 전주다움의 길이다.

본디 '마중'이란 말은 '오는 사람이나 손님을 나가서 맞이한다.'라는 뜻이다. 전주역 앞 첫 마중길을 거닐다 보니 어릴 적 살던 고향마을과 내 삶의 마중물이었던 어머니 생각이 났다.

유년 시절 내 고향 은천마을에서는 작두샘 물을 사용하였다. 작두샘 물이 있기 전에는 동구 밖 20여m쯤 되는 곳에 공동우물이 있어 그 물을 길어다 먹었다. 형편이 조금 나아졌을 때는 뒤안 장독대 옆에 작두샘을 놓았다. 물을 퍼올리려면 한 바가지 정도의 물을 부어야 했다. 물을 붓고 열심히 작두질을 해야 물이 솟구쳐 나왔다. '물을 부르는 마중물' 덕분에 물이 콸콸 쏟아졌다.

어느 여름날 오후 소꼴 한 망태를 베어 돌아왔다. 땀으로 범벅된 옷을 벗고 엎드리면 어머니는 한 바가지 물로 등목을 해주었다. 그렇게 시원할 수가 없었다. 어머니는 내 등을 요리조리 씻어준 뒤 '갑종' 하며 등에 손바닥 도장을 찍었다. 나중에 자라면 나라 지키러 갈 자격이 충분하다고 말하곤 했다. 그때 흐뭇하게 웃던 어머니의 모습이 그립다. 자식을 위해 어려운 모든 일을 마다하지 않고 꿋꿋이 내 삶에 마중물이 되어주셨던 어머니.

비 온 뒤 초저녁의 우물가에 서 있으면 귓가에 무슨 소리가 은은하게 들렸다. 무슨 소리일까 하도 궁금하여 어머니에게 여쭈었더니 기차 소리라고 했다. 한 번도 본 적이 없는 기차였기에 나는 무척 궁금했다. 임실 관촌 길에는 기차가 다닌다고 했다. 그러나 내 고향은 버스가 유일한 교통수단이었다. 학교에 늦지 않게 다니라며 어머니는 안주머니에서 꼬깃꼬깃 접힌 지폐를 차비로 주시곤 했다.

운전기사와 차장이 함께 탄 버스를 타고 학교에 다녔다. 장날에는 마을 어르신들과 학생들이 버스에 오르고 안내양이 문을 두드리면 출발하였다. 항상 만석이 된 버스는 시골길 먼지를 날리며 숨가쁘게 달렸다. 버스를 타고 다니면서도 언제나 기차가 궁금했다. 중학교 3학년 때 어머니 따라 관촌역에 가서 기차를 처음 보았다.

고향 은천마을 숲에는 오랜 세월을 살아온 우람한 느티나무, 팽나무가 무리지어 서 있었다. 하늘을 향해 두 팔 벌린 나무들은 참 자유롭게만 보였다. 봄에는 파릇한 잎들이 돋아나고, 여름에는 시원한 그늘을 만들어준다. 매미들의 합창으로 심심하지 않고, 가을에는 단풍으로 아름다움을 선사한다. 나무숲은 여름 더위를 식히고 가을 휴식을 즐기던 어머니를 부르는 마중물이다.

자식 위해 고생만 하며 살다 가신 어머니가 불현듯 보고 싶을 땐 은천마을 숲으로 달려가곤 한다. 우람한 팽나무를 어머니가 안 듯 팔 벌려 안고 가만히 귀를 기울이면 어머니가 해주시던 말씀이 들리는 듯했다.

어머니는 항상 우리에게 손에 괭이를 들지 말라고 당부하셨다. 어머니는 수많은 농촌 생활의 어려움에도 굴하지 않고 버텼다. 그 시절 농촌은 누에치기는 손이 많이 가는 농사였다. 뽕이 부족하여 백운면 큰 산으로 산뽕을 따러 갔다가 저녁 늦게야 돌아오곤 했다. 종일 일하고 돌아와서도 잠을 자지 못하고 저녁 늦게까지 호롱불 밑에서 옷과 양말을 기우시던 모습이 지금도 눈에 선하다.

마중길이 있는 전주역의 한옥 지붕은 불빛에 운치를 더했다. 비가 온 뒤 아내와 산책하러 나가니 미세먼지가 사라지고 깨끗하여 신선했다. 역 광장의 느티나무는 시원함을 주기도 하지만 편히 쉴 수 있는 그늘도 있고 앉을 의자도 있다. 잘 조성된 길 따라 걸으니 몸까지 시원하다. 마중길 종점에는 조형물로 세워진 토끼가 옹기종기 모여 있다. 새해는 토끼띠의 해다. 전주 시민들을 바라보고 있는 것 같다.

첫 마중길 앞은 도시를 떠난 한적한 공원 같다. 걷다 보면 햇살이 길게 드리워져 내 그림자를 내가 볼 수 있다. 마중길을 걸으니 내 삶의 마중물이 되어주신 어머니가 한없이 그립다.

모주의 향기

"야! 게임 이기고 송천동 가자."

파트너에게 이야기하며 함께 힘을 냈다. 제2 인생의 삶에서 회자하는 말이 건강이다. 결국은 세월의 흐름 속에 삶은 건강으로 귀결된다. 나는 새벽마다 테니스 운동을 한다. 테니스 복식 게임이 시작되기 전, 앞에 있는 네트에 모여 양 팀이 서로 인사하며 모주 한 잔하기로 했다. 경기에 진 팀이 내기로 하고 서로 예의를 갖췄다.

인조 잔디로 조성된 덕진공원 테니스코트는 건지산 자락에 있어 풍광이 아름다운 곳이다. 새벽마다 회원들 간에 하는 운동이다. 요즈음은 거리 두기 1.5단계로 전주시 시설공단에서 테니스코트 부분 개방을 했다. 모두 거리 두기를 지키며 운동한다. 테니스장 주변은 더없이 좋고 아름답다. 포근한 날씨에 '봄의 전령'인 노란 산수유꽃이 피어나 제멋을 자랑한다. 운동복을 입고 뛰는 모습도 보이고, 둘레길 걷는 모습도 눈에 띈다, 코스별 운동기구에 매달려 운동하는 모습과 건지산 봄을 즐기는 상춘객들, 그런 사람들의 역동적인 모습에 나도 덩달아 신이 난다.

까치, 뻐꾸기, 꿩, 다람쥐의 재빠른 동작을 보며 숲속의 자연생활에 경이로움을 느낀다. 아직은 봄이라지만 새벽에는 쌀쌀하다. 라이트 조명대에 앉아 있는 까치는 반가워서인지 경계하는지 주변을 돌며 "까악, 깍" 목청을 높인다.

새벽마다 테니스 운동하는 재미가 쏠쏠하다. 복식 게임으로 파트너와 호흡을 맞춘다. 동반관계를 발휘하여 상대를 제압해 가며 게임에서 우위를 점하기 위해 총력을 쏟는다. 라켓을 휘둘러 볼이 상대 코트 빈 곳 구석에 떨어졌을 때 그 기분은 말로 표현할 수 없을 정도로 상승한다. 파트너가 잘못하여 실수해도 서로 손을 잡아주며 격려로 기운을 북돋운다.

운동 뒤에는 송천동 우체국 옆 K 음식점 콩나물국밥과 모주가 제격이다. 아삭하게 씹히는 콩나물과 국밥에 썰어 넣어준 청양고추가 들어가 우러난 국물과 함께 먹으면 일품이다. 덤으로 큰 양푼에 콩나물과 공깃밥, 고추장에 들기름을 한 수저 넣어서 비벼준 밥을 회원들과 나눠 먹는다. 콩나물국밥을 먹을 때면 내 고향 진안읍 은천마을이 그리워진다.

어렸을 때 봄이 되면 어머니가 봄을 느낄 수 있는 음식을 밥상 위에 올려 주었다. 아삭아삭 씹히는 매력적인 콩나물밥에 고추장으로 만든 양념장을 넣고 맛있게 비벼서 먹었던 기억이 있다. 어머니는 콩나물을 잘 길렀다. 큰방 아랫목에 깨진 시루를 감아 옴박지 위 와이 자 받침대 위에 올려놓았다.

콩을 불려 포대기로 덮어 만 하루가 지난 뒤 매일 두 번 세 번 정도 물을 주었다. 나도 가끔 어머니 따라 물을 주었다. 콩나물은 무럭무럭 자라서 반찬으로 많이 활용되었다. 콩나물밥, 콩나물국, 콩나물무침, 콩나물 볶음, 콩나물잡채 등 우리 밥상에 한 번도 빠지지 않았다.

모내기 철에는 일꾼들과 함께 모내기를 마친 후 저녁에 식사하면서 막걸리를 들었다. 고봉밥에 넉넉한 인심까지 더했다. 넉넉한 살림이 아니더라도 이날만큼은 최고의 접대를 했다. 어머니는 아버지를 위해 모주를 가게에서 사 왔다. 일꾼들도 계피 향이 진한 모주를 한 잔씩 드셨다.

한약재를 넣어 끓인 터라 알코올 도수도 거의 없었다. 여름철에는 차갑게 드셨지만, 겨울에는 따뜻하게 데워 마셨다. 감기를 예방한다며 즐겼다. 나는 아버지를 닮았다. 일반적인 술은 못 마시지만, 모주는 한 잔씩 마신다. 모주는 대추, 생강, 계피 등 한약재를 넣어서 색과 향이 진하다. 주말이면 자연과 더불어 운동하기 좋은 덕진 테니스코트에서 회원들과 테니스 운동한 후 콩나물국밥에 모주 한 잔씩 곁들이는 재미가 쏠쏠하다.

모주를 마시면 오래전 부모님의 사랑을 마시는 것처럼 가슴속이 포근해진다.

지주대의 사랑

마당에 감나무 잎이 우수수 떨어졌다. 지난밤 바람이 많이 불었나 보다. 가을이 우리 집 감나무와 대추나무에도 열렸다. 홍시가 눈을 유혹하고 대추 볼이 붉어졌다. 엊그제 따온 고추와 호박은 토방에 널려 있다. 가을엔 파란 하늘이 내 마음도 파랗게 물들였다.

농부로 입학하여 언제 졸업할지 모르겠으나 농장을 운영한 지 2년째가 되었다. 60대 중반 왕초보 농사꾼으로 힘들긴 했지만 나름대로 농작물을 가꾸는 재미가 쏠쏠했다. 농작물의 자라는 모습을 보며 소중하게 보살피다 보니 그들도 주인을 알아보는 듯했다.

그동안 다녔던 직장을 졸업하고 새롭게 사니 삶의 여유가 있다. 얽매인 삶에서 벗어나 자연과 더불어 지내는 또 다른 세계다. 마이산에서 그리 멀지 않은 곳 '사자골 농장'에 갈 때마다 바람이 머리카락을 건드리며 인사를 했다.

요즈음 코로나19로 생활 활동 제약에 심기가 불편했다. 계속되는 재난 문자와 사회적 거리 두기가 마음을 옥죄고 있다. 집 안에만 있으려니 마음이 나약해지고 무기력했다. 이런 때 주말농장이라도 운영하고 있으니 천만다행이다. 평일에는 새벽 운동을 하고 주말에는 밭에 나가 작물들과 대화하며 하루를 보낸다.

오늘은 초보 농부가 심어놓은 작물의 막바지 열매를 둘러보기 위해 밭에 갔다. 지루한 장마로 인해 걱정 반 기대 반으로 밭에 들어섰다. 그동안 몇 번 안 갔지만 구슬땀을 흘리기도 했다. 막바지 고추가 주렁주렁 달렸을 것이고 토마토, 오이가 많이 달려 있을 것으로 상상했지만, 모든 게 허사였다.

오랜 장마로 잡초가 무성했다. 불청객 멧돼지가 들어왔는지 옥수숫대가 모두 부러져 이곳저곳으로 널려 있고 곳곳이 패었다. 마음이 허전했다. 낭패였다. 이 마음을 어떻게 표현해야 할지 막막했다. 하지만 고심 끝에 생각을 바꾸기로 했다. 멧돼지도 산에서 먹을 것이 없으니 내려와 먹이를 찾는 것은 당연하리라. 지난해에도 옥수수를 망쳐놓고 복숭아나무 가지를 부러뜨리는 등 난장판을 해놓았다.

모든 작물은 1년 농사다. 작물도 계절을 알린다. 밭에는 종족 번식을 마치고 여유로움도 없이 환경에 억압되어 일생을 다한 고추,

가지, 토마토 줄기들이 지주대에 힘없이 묶인 채 쓰러져 있다. 밤새 찬 서리에 얻어맞고 신음하고 있다. 잡풀들도 그렇게 귀찮게 굴더니 지금은 백발이 되어 힘없이 나뒹굴고 있다.

우두커니 서 있는 지주대만 보였다. 오늘은 생명을 다한 고춧대를 뽑고 지주대를 정리할 참이다. 내년에 쓰기 위해 잘 손질하여 정자 밑에 보관하기로 했다. 지주대를 뽑는데 까치들이 하나둘 다가와 주변을 배회한다. 그들도 지주대의 수고로움을 인정하는 듯싶다. 까치가 알아들을 수 없는 노래를 부르며 친구가 되어주니 일하면서 외롭지 않아 좋았다. 지주대를 뽑아 한 아름 안고서 옮길 때 어머니 생각에 마음이 울컥했다. 어머니는 생전에 이곳에서 생계를 위해 고구마도 심고 콩과 참깨도 심으셨다. 어머니와 함께 나는 농작물을 가꾸기 위해 이곳에 자주 왔다. 지주대를 내려놓으며 생각하니 지주대는 어머니였다. 내가 태어나서 어머니가 안 계셨다면 어떻게 혼자 자랄 수 있었을까? 비바람이 불고 눈보라가 쳐도 든든한 지주대였던 어머니가 계셨기에 그 사랑에 의지하여 오늘의 내가 있지 않은가?

지난 일이 생각났다. 파주시 문산읍에 있는 부대에서 한창 힘들게 근무하던 일병 때의 일이다. 어머니와 형이 면회를 오셨다. 먹을 것을 바리바리 싸 오고 눈물을 많이 흘리셨다. 늦둥이를 군대에 보냈으니 얼마나 보고 싶었을까? 그때 문산읍에서 어머니와 1박 했던 일이 생생하다. 탄약 저장고에 보초 설 때마다 부대 밖 통일로는 관광차가 줄줄이 지나가곤 했었기에 고향 생각이 더욱더 물씬 나곤 했었다.

농부로 입학하여 농장의 주인으로 작물을 가꾸다 보니 어머니가 밭에서 일하셨던 모습이 떠올랐다. 지주대 어머니는 항상 부지런하고 씩씩했다. 어느 자식 하나라도 넘어지지 않게 다리에 힘을 주어 지지해주곤 했다. 모진 비바람 속에서도 고추 하나라도 더 키우기 위해 낭창한 허리로 고춧대를 지지해주었던 지주대가 위대해 보인다.

나의 땀과 노력으로만 고추를 수확한 게 아니다. 내가 혼자 노력으로 오늘을 살고 있는 것이 아니듯이. 내 지주대였던 어머니의 사랑이 더욱 그립다.

마당을 지킨 자두나무

건지산 자락 주택으로 이사한 지 벌써 20년이다. 터가 넓어 한쪽에 화단을 만들었다. 과일나무 한 주 정도는 심고 싶었다. 어떤 과일나무를 심을까 고민하다 어머니가 잘 드시는 새콤달콤한 붉은 자두를 떠올렸다.

자두나무를 심기로 작정하고 묘목 판매장에 갔다. 실한 나무 한 주를 사다 정성껏 심었다. 어머니는 아침저녁으로 끼니를 챙기듯 물을 주며 돌보았고 화단은 어느덧 그분의 놀이터가 되었다. 세월이 가니 성큼 자란 자두나무는 화사한 꽃을 선물하였고 열매까지 주었다. 풍성한 나뭇잎은 주택과 잘 어울렸다.

어렴풋이 내 고향 진안 은천마을에서 살 때 기억이 떠올랐다. 직장에서 퇴근하여 집에 돌아오는 길의 장터에 들렀다. 5일장이 서는 날이면 온 동네 사람들이 장에 나와 시끌벅적했다. 시골 아낙들이 길가에서 신선한 과일과 손수 농사지은 농산물을 팔았다. 아는 분을 만나 소쿠리에 담긴 자두를 사서 돌아왔다.

그 뒤에도 몇 차례 더 자두를 샀다. 새콤한 자두는 비타민 C가 풍부하여 감기 예방에 좋단다. 식이섬유가 풍부해 다이어트와 변비 예방에 좋다고 알려져 있다. 저녁 디저트로 안성맞춤이다. 어머니가 자두를 잘 드신다는 것을 그때 알았다.

고향 신작로에는 벚나무가 가로수로 심어져 봄이 되면 벚꽃들이 환하게 피어났다. 도립공원 마이산 남부 진입로도 봄을 즐기기에는 부족함이 없다. 이곳의 벚꽃들은 지대가 높아 늦게 핀다. 그 무렵 자두꽃도 핀다. 어머니와 함께 남부 마이산 쪽 길을 걸은 적이 있다. 벚꽃이 다투듯이 서로 꽃망울 터뜨렸으나 어머니는 마을 담장에 피어난 자두꽃을 유심히 바라보았던 기억이 있다.

4월 중순쯤 되니 울안에 자두꽃이 가득하여 환했다. 열매는 하루가 다르게 몸을 키웠다. 7월이 되니 자두는 진한 빨간색을 띠며 익기 시작했다. 어머니는 거실에서 가끔 창문을 열고 성큼 자란 나무를 보며 빙그레 미소를 지었다. 자두나무는 참새 까치들의 놀이터로 음악실이 되기도 했고, 여름엔 매미들의 통곡 장소가 되기도 했다. 또 마당에 그늘까지 만들어주는 여유도 부렸다. 20여 년을 모진 비바람과 태풍에도 끄떡 않고 잘 견뎌 대견스러웠다.

우리 부부가 출근하고 나면 어머니는 늘 혼자 집에 계셨다. 방이나 거실에 있다가 마당에 나가 화단을 돌아보며 거닐었다. 유일한 벗은 자두나무였다. 자두를 유난히 좋아했던 어머니는 94세로 영면했다. 평균 수명을 다하고 가신 거라고들 하지만, 어머니의 부재를 받아들이기까지는 꽤 오랜 시간이 필요했다.

그 뒤 관리가 소홀했던 탓인지 자두나무의 잎과 과실이 병충해를 입어 마당에 떨어졌다. 썩은 냄새가 나고 지저분했다. 훌쩍 커버린 나무로 인해 햇빛을 못 보니 화단의 꽃들이 잘 자라지도 못했다. 나뭇가지가 옆집 담을 넘어가서 잎이 떨어져 지저분하다고 이웃집 주인은 입을 샐쭉거렸다.

며칠 전에는 창고 지붕 서까래 한쪽이 무너져 다 들어내는 작업을 했다. 자두나무 가지가 이곳까지 길게 뻗어 지붕을 덮었기 때문이다. 다행히 위층에 거주하는 사람의 도움으로 창고 지붕 작업은 완료했다. 그는 지붕에 걸쳐 있는 나뭇가지는 물론 자두나무 전체를 벨 것을 조언했다.

'충해 약을 쓰지 않으면 자두도 먹지 못하고 이파리가 떨어져 마당이 지저분해진다. 나무가 크면 클수록 뿌리의 반경이 넓어져 옆집으로 침범할 수 있어 이웃 간에 언쟁도 있을 수 있다.'라고 말했다. 나무 한 그루 베어내기는 쉬워도 대목으로 키우기는 어렵다고 생각했다. 이 나무도 20년 이상 자란 나무가 아닌가.

언젠가 밖에서 '툭툭' 하는 소리가 들려 창문으로 밖을 내다보니 앞집 어르신이 긴 전지가위로 담을 넘어온 가지를 자르고 있었다. 나는 창가에서 숨죽이며 쳐다보았다. 그 후로 나름대로 고민했다. 그러나 쉽게 결정을 못 하고 있을 무렵, 옆집에서 잎이 너무 많이 떨어진다며 찾아왔다. 우리 부부의 고민이 깊어졌다. 결국 아내가 자두나무 벨 것을 요구했고, 타인의 집에 피해를 준다는 사실을 외면할 수 없어 결론을 내렸다.

창고 시렁에서 톱을 가져와서 자르고 나니 마음이 우울했다. 어머니가 심고 기른 자두나무의 목숨을 아들인 내가 잘랐으니 억장이 무너졌다. 어머니와의 추억을 벤 것만 같아 내내 씁쓸했다. 어머니가 떠나신 지 10년. 빈자리가 너무 넓다.

아침에 화단을 둘러보니 주변이 말끔하지만 허허롭다. 잘리고 남겨진 밑둥치가 보였다. 어려운 환경에서 뿌리를 넓히며 자라 우리 집 마당을 지켜준 자두나무가 새삼 그립다. 베어진 자두나무 둥치 나이테를 보면서, 아쉽지만 이제 내 맘속에 한 그루 자두나무를 심기로 했다.

아낙네들의 함박웃음

고향이란 말만 들어도 늘 푸근하다. 그동안 도시로 나와 바쁘게 살면서도 늘 마음은 고향 언저리에 있었다. 오랜만의 고향에 갈 기회가 생겼다. 초등학교 동창 모임을 모처럼 고향에서 갖는다는 문자 메시지가 왔다. 나는 다른 모임 때보다도 일찍 그곳에 갔다. 친구의 자전거를 빌려 타고 동네 한 바퀴를 돌아보기 위해서였다. 설레는 마음으로 황새 모퉁이를 지나 사리 고개를 넘어 고향 마을에 다다랐다. 신작로를 따라 달리다 보니 예전의 점방도 없고 과수원도 없어졌다. 냇가 옆에 살았던 코흘리개 친구도 서울로 이사 가고 없었다.

하천을 따라 오르니 흙먼지 날리던 신작로는 아스팔트 길로 변해 있었고, 내가 다니던 초등학교는 폐교되어 황량했다. 학교 가는 길

부근에 있던 큰 벚나무도 사라졌고 은행나무도 보이지 않았다. 방과 후면 동무들과 매미처럼 벚나무에 매달려 버찌의 달콤함에 시간 가는 줄 모르고 놀다가 홍당무 되어 집에 가곤 했는데….

폐교된 건물에는 문화 예술촌 분야별 작업 공간이 들어서 있었다. 목골길로 들어서니 좌측 산비탈 밭들은 묵어서 잡초가 무성했다. 주인은 떠나갔고 자식들은 서울에 살고 있어 바람에 갈대들만 흔들거렸다.

그 길 따라 한참을 올라가니 우리 삶의 터전이었던 논에 다다랐다. 많은 기억이 떠올랐다. 해마다 봄이면 못자리 만들고 볍씨를 뿌리고 관리하던 일, 모내기하면서 거머리가 장딴지에 붙어 혼쭐났던 일, 고래실 논이라 모내기하며 푹푹 빠졌던 일, 가물어서 밤마다 논물 대던 일들이 주마등처럼 스쳐갔다. 웅덩이를 막고 고래실 논둑 주변을 헤집어 미꾸라지 잡아 추어탕을 끓여 먹던 일도 머리를 스쳤다. 그때는 밤마다 개구리들의 합창 소리가 온천지에 그득했다.

논을 뒤로하고 위 뜸으로 갔다. 주막 산등성이가 보였다. 그곳은 마을 형님이 주말 새벽마다 색소폰을 불던 곳이다. 당시 진안농업고등학교 밴드부에서 활동하는 형님은 부러움의 대상이었다. 그 소리가 새소리는 물론, 꿩 울음소리와 함께 은은하게 귓전을 울렸다. 위 뜸 끝에 살았던 큰조카는 가끔 마이산에 올랐다. 마을 뒷산 오솔길을 걸어서 소나무 향을 마시며 자연을 벗삼았다.

마이산은 마을에서 가장 인근에 있는 산이다. 사자골을 가다 보면 우측에 조그마한 불당이 있었는데 마을 할머니가 불공을 드리던 곳이다. 걷다가 덥기도 하고 다리도 후들거려 잠시 쉬며 물을 마셨다. 물을 마신 뒤 바위 곁에 앉아 산바람을 맞으니 노곤하였다. 약간 경사진 오솔길을 따라가다 보니 고개가 나오고 거대한 몸집의 시멘트 덩어리가 나타났다. 수마이봉의 거대한 암석이다.

좌로 길 따라 한 십 분 걷다 보니 그리 좋을 수가 없다. 푸른 하늘에 나도산이 지척에 있고 멀리 마을이 보인다. 새소리와 시원한 바람소리 새털구름에 마음도 둥실 떠간다. 멀리 보면 큰 보뜰 목골 앞으로 학교가 서 있고 그 옆으로 울창한 숲이 보인다. 멀리 탄곡마을, 희미하게 보이는 곳은 백운 송림제이다. 돌아보면 톳골이 보이고 그곳에는 아담한 명품 숲과 연계되어 운치를 더한다.

큰조카는 주말이면 톳골로 코스를 잡아 마이산에 한동안 오르내리더니 아리따운 여인과 열애에 빠졌다는 소문이다. 이제야 왜 그곳으로 다녔는지 의문이 풀렸다. 얼마 전 고향에 잠시 다니러 왔다는 조카도 어느덧 종심從心이 지났으니 나만 세월이 흐른 것은 아닌가 보다.

자전거로 소로를 따라 은천 숲으로 향했다. 100여 주의 느티나무와 팽나무가 명품 숲을 이루고 있다. 샘솟는 물이 가뭄에도 마르지 않아 여름 내내 아낙네들의 등목과 함박웃음이 번졌던 곳이다. 낮에는 어른들의 쉼터가 되고 초저녁에는 아낙네들의 놀이터였다.

팽나무의 푸른 잎들이 뽀얀 살결을 가려주었으나 샛바람이 불어 가끔은 웃음꽃이 피었다. 지금도 은천천의 맑은 물이 쉼 없이 흘러 고향 어르신들의 더위를 식혀주니 금상첨화다.

그 옆에는 은천친목영전비銀釧親睦永傳碑가 서 있다. 어려웠던 시절 마을에 사는 12명이 결의형제結義兄弟를 맺어 부모의 효도를 배우고 선친들의 뜻을 받들자고 자식들이 기념비를 세웠다. 예전에는 싸리 고개에 있었으나 도로 확장에 따라 이곳으로 옮겨졌다. 비에 새겨진 아버지와 형님의 이름을 보니 서 있는 내내 그리움만 남는다.

마령 가는 길, 백운 가는 길 삼거리다. 점방 앞에서 골목길을 따라가면 집에서 20여 미터 떨어진 곳에 마을 우물터가 있었다. 지금은 흔적도 없이 사라졌지만 어렸을 때는 두레박으로 물을 길어 먹었던 곳이다. 그 앞에는 디딜방앗간이 있었지만 다 없어지고 공터로 남아 몇 해 전까지 텃밭으로 경작하다가 이웃집에서 경작한다기에 내어주었다.

이 생각 저 생각하며 자전거를 타고 내가 살던 집에 가보았다. 집터에는 마을에서 환경 가꾸기 일환으로 꽃을 심었단다. 이쁜 꽃들이 만발했다. 천천히 보았다. 대문 옆에는 사철나무가 아담하게 담장과 키재기를 하는 모습이 아름다웠다. 그 옛날 모습은 사라졌지만, 꽃들이 활짝 피어서 집터를 지키며 허전한 마음을 위로해준다. 한참 동안 옛 추억에 잠겨서 발길이 떨어지지 않았다.

은천리에 가고 싶어

「장수상회」라는 영화를 보았다. 치매에 걸린 늙은 부부의 애환을 그린 영화였다. 주인공 김성칠이 예전에 쓴 일기장을 넘기며 읽는 대사가 있다. "전두엽 변이성 알츠하이머, 흔히 치매라는 병에 걸렸다. 평생을 살아온 동네에서 길을 잃어버리곤 한다. 악착같이 기억하고 싶은데 기억이 안 난다. 망상 속에 살아가는 것뿐이다." 상영이 끝나고 장내에 환하게 불이 켜졌지만, 이 말이 머릿속에서 윙윙댔다. 살아생전 치매에 걸려 "나 은천리에 가고 싶어."라고 말했던 큰형수의 모습이 겹치면서 선뜻 자리에서 일어설 수가 없었다.

6년 전 큰형수가 치매에 걸렸다는 소식을 들었다. 음력 정월 여드렛날 아버지 기일을 맞아 집에 갔는데 집 안 분위기가 침울했다. 형님은 3년 전 유명을 달리했고, 형수만 생존해 있었다. 먼저 형수에게 인사를 하려고 찾아보았으나 보이지 않았다. 어떻게 된 일인지 조카에게 물었더니 "어머니가 사람도 몰라본다. 자꾸 밖으로 나가려고만 하고 말도 안 되는 소리를 한다."라고 했다.

작은방으로 안내하여 들어가니 형수가 우두커니 앉아 있었다. 장조카가 시동생이 왔다고 말해도 "누구야?", "누구야?" 하며 바라보았다. "저요."라고 말해도 "이 아저씨 누구야?"라고 했다. 조카가 작은아버지라고 말했지만 알아보지 못했다. 조카는 어떡하면 좋을까 걱정하며 양어깨가 축 늘어져 있었다.

82세인 형수는 방 한쪽 구석에 보따리를 싸놓고 그녀의 고향 진안군 진안읍에 있는 '은천리'에 데려다 달라고만 했다. 어떤 때는 동네를 한 바퀴씩 돌다가 엎어지기도 한단다.

가족회의 끝에 궁여지책으로 진안 반월요양원에 입소시켰는데 그곳에서도 돌아다니다 넘어져 이마를 다치기도 했다. 전주의 어느 병원에 입원하였다고 하여 아내와 찾아갔더니 이마에 큰 혹이 나 있었다. 사고 수준은 점차 어린애가 되어가는 것 같았다.

요양원에 있을 때는 요양보호사에게 전화를 걸어달라고 졸라 집에 자주 전화를 하며 그때마다 은천리에 가고 싶다고 했다. 긴 병에 효자 없다는 말처럼 처음에는 조카가 응대했지만, 기간이 길어지다 보니 짜증도 나고 지치기도 했던 것 같다.

그녀에게 은천리는 무슨 의미였을까? 어떤 추억이 각인되었기에 그토록 쇠잔해가는 기억 속에서도 또렷하게 남아 있었을까?

생각해보니 인고의 세월 동안 얼마나 치열한 삶을 살았나 싶다. 어려운 생활을 꾸리면서도 타고난 낙천적 기질과 재치로 주변을 환하게 만들었던 사람, 나는 그런 그이가 늘 좋았다. 큰형수는 집안일을 주도하면서도 주민들과 호흡이 잘 맞아 주변에 사람들이 넘쳐났다. 각박했던 70년대에 큰형님의 정미소 운영으로 남들보다 그래도 여유가 있었기에 가능했지 싶다.

가끔 큰형님 집에 가면 제일 반가워하는 사람이 형수였다. 성격도 쾌활해서 사람을 좋아했다. 내가 집에 돌아간다고 하면 뭔가 바리바리 싸주었다. 정미소와 떡 방앗간을 겸하다 보니 집에는 늘 떡이 있어서 떡도 한 보자기씩 싸주었다. 가을 추수 때는 맨 먼저 찧은 햅쌀이라며 가져가라고 전화를 했다.

그런 형수가 치매에 걸리니 그 병이 무섭다는 걸 나는 그때 절감하였다. 알츠하이머라고도 하는 이 증상을 예전에는 노망이라 했다. 통계에 의하면 우리나라 노인 인구의 43%가 치매를 가장 두려운 질병으로 꼽았다. 이런 심각성을 해소하기 위해 세계보건기구는 국제 알츠하이머협회와 1995년 9월 21일을 세계 알츠하이머의 날로 지정했다. 우리나라는 2011년 8월 4일에 제정된 치매관리법에 따라 9월 21일을 치매 극복의 날로 정하여 관리하고 있다.

영화 「장수상회」 내용에서처럼 '악착같이 기억하고 싶은데 기억이 안' 나고 '망상 속에 살아가는' 사례는 누구나 겪을 수 있다. 정신을 거의 놓아버리고 은천리에만 가고 싶다 중언부언했던 형수를 돌아보며 노년기 건강의 최대 화두인 치매에 대해서 다시 생각해 보았다.

한편으로는 환자를 돌보기에만 급급했거나 형수의 병증을 부끄럽고 귀찮게 여겼지 않았을까? 왜 그때 누구라도 나서서 은천리에 한번 데리고 갈 생각은 하지 않았을까? 나라도 서둘렀어야 하지 않았나 하는 후회와 안타까움만 남는다.

인생 샷 남기기

걷기운동을 위해 새벽을 열었다. 주차장에 도착하니 벌써 많은 차가 와 있다. 가능한 한 일찍 자다 보니 새벽녘은 삶을 반추하는 시간이다. 운동은 밥이다. 새벽 시간이 유일하다. 스스로 걷고 자신과 대화하며 반성하곤 한다. 오늘은 오송제 생태공원을 걷는다.

오늘따라 안개가 짙어 앞을 가린다. 간밤에 모아두었던 근심의 찌꺼기도 버리고 마음의 긍정을 열어본다. 걷는 내내 평소의 생각을 유추해 본다. 잔잔한 호수에 노니는 물오리의 한가로움을 보며 자연의 경이로움에 찬사를 보낸다.

우리 집 화단의 꽃들도 봄 꽃밭에 모여 합창한다. 이곳저곳에서

방긋방긋 웃어 제낀다. 함초롬히 아침 이슬을 머금은 한 송이 동백꽃도 참 아름답다. 몇 년 전 꽃가게에서 시집와서 자그마한 화단에 심겨져 관심의 대상이었다. 시도 때도 없이 오가며 눈을 맞췄다. 언젠가 꽃봉오리가 되더니만 꽃이 활짝 만개하였다.

진안 가는 굴다리 지나 꽃 하우스에 들렀다. 견물생심이라고 꽃들을 보니 자두나무를 벤 뒤 휑한 화단에 꽃을 심고 싶었다. 꽃기린, 소엽풍란, 로즈메리, 튤립, 미션철쭉, 장미, 만데빌라, 향 수선화 한 본씩 사서 심어 놓았는데 어느새 꽃을 피워 낸다.

오늘은 충남 대전의 한 예식장에 아내와 함께 서둘러 갔다. 예식장은 화려했다. 오늘의 무대는 환호와 박수의 물결이다. 1년 열애 끝에 서 있는 신혼부부의 모습이 아름답고 눈이 부셨다. 사랑의 결실이다. 늠름한 신랑은 여유로웠고 신부는 아름다움을 내뿜는 장미꽃이었다.

'나는 세상을 다 얻었다.'라는 것처럼 신랑의 여유로운 제스처가 넘쳐 흘렀다. 드디어 사회자가 결혼식 시작을 알렸다. 그런데 주례 선생이 보이지 않았다. 요즘 주례가 없는 결혼을 한다는 소리를 들은 적이 있는 터라 그러나 보다 하고 생각했다.

신랑 아버지가 성혼 선언문 낭독을 했고 주례 말씀은 신부의 아버지가 했다. 어느 날 우연히 딸의 휴대전화를 훔쳐보는 날이 있었단다. 웬 청년이 사진에 있어 관심 있게 보다가 어느 날 '혹시 사귀고 있는 사람 있느냐?'라고 물었다 한다. 처음에는 그 청년이 참 미웠었단다.

'감히 우리 딸을 넘겨다봐?'라고 생각했었지만 모른 체하고 있었단다. 그 후 딸의 실토로 사귀고 있음을 알았다며 주례 말씀을 했다. '처음에는 미웠지만….'이라며 울먹였다. 한참을 말하지 못하고 침묵이 흘렀다. 그러더니 "신랑 A군 사랑한다. 내 딸 B도 사랑한다."라며 오늘 보니 둘 다 충분한 자격 있다며 잘 살아가라고 격려했다. 두 청춘 남녀가 손을 맞잡고 걸어 나가는 모습이 뿌듯하고 아름다웠다.

오랜만의 나들이 후 돌아오는 차 안에서 아내를 옆면으로 바라보았다. 아내의 눈가에 잔주름이 보였다. 머리도 새치가 돋아 올랐다. 손마디도 굵어 보인다. 엊그제 결혼한 것 같은데 벌써 30년 이상의 세월이 훌쩍 흘러간 탓이리라.

충실히 자기 역할을 다해 온 아내가 오늘따라 안쓰럽기도 하고 대견하기도 했다. 나와 연애하던 시절 당신이 함께해준다면 하늘의 별도 따다 주겠노라고 호언장담하며 마음까지 내주었다. 그때 기억을 되살려 앞으로 더 잘하겠노라고 스스로 다짐을 했다.

스치는 차창 밖으로 개나리와 벚꽃들이 환하게 웃으며 지나간다. 잠깐의 외출이지만 저속으로 달리며 여유를 부려보았다. 아내에게 제안했다. 인생 샷을 남기자고. 처음에 아내는 반대했지만 계속되는 설득에 못 이기는 척하며 응했다. 여자라면 누구나 가지고 있는 로망!, 웨딩드레스 로망이다. 지난 30년 전에 찍었던 앨범 속

우리 부부 모습은 왜 그렇게 촌스럽게 보이는지 모른다. 나이는 들었지만, 아내 환갑 일에 인생 샷을 찍기로 했다. 둘만이 웨딩드레스를 입고 야외촬영도 하고 동영상도 함께 남기기로 했다.

제2의 삶 속에 가끔 친구들이 '왜 그렇게 화색이 좋으냐?'는 물음엔 하루를 여유 있게 즐겁게 살아가기 때문이고 좋아하는 일에 열정을 쏟다 보니 그렇다고 대답하곤 한다. "처음에는 우리가 습관을 만들지만, 그다음에는 습관이 우리를 만든다."라는 존 드라이든의 말이 생각난다.

열정이 있다면 아직도 청춘이다. 오늘도 찬란한 해가 떠오른다. 새벽녘 어둠이 걷히고 밝아오는 새 아침 오늘 하루도 새 마음을 모아본다.

지척이 명소

장마철이라 구름이 햇볕을 가려 여행하기 좋은 날씨다. 진안문학회 회원 29명이 떠나는 여행에 동행했다. 차내에서 진안문학회장은 코로나 전염병이 아직도 소소하게 나타나고 있지만 문학인들의 열정에 여행을 떠나지 않을 수 없었다며, 가까운 장수, 무주로 일정을 잡은 배경을 설명했다. 차는 회원끼리 정담을 나누는 사이 장수 죽림정사에 도착했다.

죽림정사는 백용성 조사의 탄생지로 그 업적을 기리기 위해 조성되었다. 마침 그분의 탄신일이라며 수십 명의 자원봉사자가 건물과 주변을 청소하고 있었다. 백용성 조사는 3.1만세운동 당시 민족

대표 33인 중 불교계를 대표한 한 분이다. 일제에 의해 1년 6개월 옥고를 치렀으며, 불교의 대중화를 위하여 한문으로 된 화엄경 등 경전을 국문으로 번역하였다. 한글 발전에도 초석을 다진 자랑스러운 역사적 인물이다. 주마간산 격으로 알고 있었던 백용성 조사의 업적과 스님의 삶에 한 발 다가갈 수 있었다.

두 번째 방문지는 장수 의암공원으로 의암 주논개 생가지다. 의암공원에서 지방도인 논개로 가재 터널 장안터널을 지나 논개 생가지 주차장에 도착했다. 논개 생가지는 논개 기념관, 단아정, 의랑루 등의 건물과 주논개 비, 최경회, 주논개 부모 묘로 조성되어 있었다. 그곳을 걸으며 둘러보았다.

여향 이기철 시인의 논개에게 바치는 「한 꽃송이」라는 시비도 눈에 띄었다. 단아정이라는 단층 정자도 보였고, 의암 주논개 상도 크고 웅장했다. 원래의 생가는 인근 대곡저수지 근처에 있었는데 저수지가 축조되면서 주논개가 태어난 마을이 모두 수몰되어 이곳에 복원한 초가 건물이 보였다.

임진왜란 때 왜군 장수를 끌어안고 투신하여 충절의 고장이라는 이름을 얻었다. 이곳을 둘러보며 주논개 일생에 대한 것을 엿볼 수 있어 뜻깊은 시간이 되었다. 현재 장수군 대표 축제로 되어 있다. 전국적으로 알려진 장수사과, 오미자가 농가 소득을 높이고, 한우랑사과랑축제가 매년 열리기도 한다.

다음으로 도착한 곳은 무주 어죽 식당이었다. 무주 문인협회 회장단이 반갑게 마중하여 무주 태권도 공원 일정까지 함께하며 편의를 제공해주었다. 진안 문인협회 회원들과 오래전부터 교류하고 있었음을 느낄 수 있었다.

무주에서의 여정은 시간 제약으로 태권도 공원만 들렀지만 무주는 1박 2일 여행지로 손색이 없는 곳이다. 무주곤충박물관, 최북미술관, 김환태 문학관, 천문과학관, 별이 쏟아지는 집, 머루와인동굴, 반디랜드, 적상산, 환경축제인 반딧불이 축제는 관광객의 관심거리다. 청정지인 구천동계곡이 있다. 관광자원이 풍부하고 볼거리도 다양하다는 설명이다. 무주의 새롭게 변해가는 모습이 내심 부러웠다.

국가사업으로 조성된 태권도원은 세계태권도인의 성지로 걸맞게 서울 월드컵 경기장의 10배의 면적이다. 5,000석 규모의 경기장과 1,400명이 숙식할 수 있는 웅장한 규모다. 일반인도 사전 예약을 하면 숙박시설을 이용할 수 있다. 다음에 친구들 모임을 이곳에서 한 번 해야겠다고 생각했다.

공원전망대는 공원 셔틀버스로 이동했다. 경사가 심해 모노레일로 올랐다. 3층 건물은 삼한 시대 빗살무늬 도자기를 형상화한 모양이었다. 사방이 확 터져 백두대간인 민주지산과 삼도봉으로 이어진다. 정상이 한눈에 들어오는 풍경을 보니 가슴이 탁 트이고 온몸이 시원했다. 태권도원으로 선정한 이유를 알 것 같았다.

오후 4시에 태권도 시범 공연이 있다기에 서둘러 내려왔다. 공연장에서 펼쳐지는 젊은 태권도인들의 태권무를 볼 수 있는 기회를 덤으로 얻었다. 주경기장은 여섯 경기를 동시에 치를 수 있는 규모다. 이곳에서 국제경기는 물론 국제행사도 충분히 소화할 수 있다고 했다. 태권도 종주국의 자부심이 한껏 느껴졌다.

경기장을 나오면서, 국제화 시대 무주는 국제적인 행사를 유치하고 치를 수 있는 기틀을 갖추었다는 생각이 들었다. 무주군의 큰 자산인 태권도원을 어떻게 활용할지 더욱 기대된다. 집으로 돌아오는 차 안에서 그동안 등잔 밑을 보지 못했다는 생각이 들었다.

먼 곳으로 여행을 많이 다니면서도 가까이 있는 장수와 무주에 가볼 생각을 못 했다니…. 두 지역의 발전된 모습은 내게 신선한 충격을 주었다. 지척이 명소였다.

진안 나들이

오늘은 진안으로 맛 여행을 가는 날이다. 오늘따라 하늘에 먹구름이 잔뜩 끼어 날씨가 흐리다. 전주 차량등록사업소에서 모여 출발했다. 예전 같으면 출발하기 전 일기예보를 확인하는데 이제는 그렇게 걱정할 것이 없다. 내 차에 다섯 명이 탑승했다. 다른 차에도 일행이 탑승했다. 날씨는 아침부터 무더웠다. 차창 밖 풍경은 진안이 가까울수록 시원한 바람이 불었다. 역시 고온지대의 산골이 주는 시원함과 아름다운 풍광에 마음이 여유로워졌다.

얼마 전 조찬 후 차를 마시며 어떤 동료 회원이 제안을 했다. 올해는 다른 테니스 클럽과 교류 게임도 없으니 특별행사로 테니스 돔구장이 있는 진안 고원 지역으로 가면 어떻겠냐고. 참여한 회원들의 찬성으로 맛있는 음식을 먹을 수 있는 곳을 선정했다. 쇠뿔도 단김에 빼라고 했던가? 전 회원이 가면 좋지만, 형편상 부득이 참여가 어려운 회원을 제외하고 가기로 했다. 참여 가능한 회원은 14명으로 확정되어 테니스 돔구장과 식당을 예약했다.

전주 썬테니스 회원은 29명이다. 전주 건지산 자락에 있는 덕진체육공원 테니스코트에서 운동한다. 총 12면 중 4번 5번 6번 코트를 오전 05시 30분부터 09시까지 사용한다. 대부분 직장인으로 아침에 운동 후 출근을 한다. 나는 전주 썬테니스 회원들을 좋아한다. 운동도 잘하지만, 인격적인 면이나 사회적인 면에서 배울 게 많은 회원이 포진해 있다. 함께한 날이 강산이 두 번이나 변할 만큼의 시간으로 정이 많이 들었다. 매주 토요일과 일요일은 조찬을 함께한다. 운동 후 사워도 함께하며 몸매도 자랑하는 처지다.

지난해 신축한 진안공설운동장 내 테니스 돔구장은 4면이다. 테니스 운동은 비가 오거나 눈이 내리면 하지 못한다. 기후의 영향을 많이 받기 때문이다. 진안은 타 운동보다도 테니스가 일찍 도입되어 각종 도 단위 대회나 전북일보사배 직장 테니스 대회에서 우수한 성적을 올린 바 있다. 지난 2016년도 전라북도 공무원 시군대항 테니스 대회가 순창 공설테니스코트에서 16개 팀이 참여하여 성대하게 개최되었다. 이날 진안군청팀은 나를 포함 5복 10명이 참여하여 공동 3위를 했다. 참여한 회원들은 평소 가꾼 실력을 유감없이 발휘했다. 진안군청팀의 옛 전성기를 보는 것 같았다. 지금도 그때 경기했던 일들이 기억에 남는다.

진안군은 타 시군보다 테니스 종목에 강하다. 군에서는 그때의 명성을 되찾고 생활체육의 일환으로 군민들의 건강을 위하여 의견을 수렴하여 지난해 테니스 돔구장 4면을 건립했다. 오전 10시부터 오후 1시까지 14명이 신나게 운동을 하였다. 운동 뒤에 맛있는 음식에 시원한 맥주까지 곁들였다. 주인이 다슬기를 서비스하니 까먹는 재미가 쏠쏠했다.

오늘의 날씨는 무덥고 구름 없이 내리쬐는 햇빛에 간간이 바람만 분다. 테니스코트 우로는 부귀산이 보이고 정면에는 마이산이 두 귀를 쫑긋 세우고 있다. 진안에는 시원한 곳이 많고 가보고 싶고 머물고 싶은 곳도 많다. 소재지에서 북부 마이산 쪽 1㎞쯤에는 최고의 휴식지인 전국 유일의 홍삼스파가 있다.

한국의 명승 제12호인 마이산! 마이산 양쪽 봉우리는 노령산맥과 소백산맥의 경계가 된다. 동쪽에 솟아 있는 수마이봉은 그 줄기가 소백산맥의 맥을 이어 장수 팔공산에서 남덕유산을 거쳐 충북 영동 지방으로 뻗는다. 이 수마이봉은 하늘에서 떨어지는 빗줄기가 북쪽으로 흐르면 금강이요, 남쪽으로 흐르면 섬진강이 되는 분수계를 이루고 있다. 암마이봉은 노령산맥의 줄기로 그 맥은 운장산으로 올라가며 아래로는 만덕산과 모악산으로 간다. 진안에서 1박 하며 신비한 마이산의 역사와 깊이를 알면 마이산에 흠뻑 빠지리라.

또한 산자수려한 구봉산과 맑은 물이 휘감고 도는 운일암 반일암 절경도 있다. 비경으로 어우러진 백운동 계곡, 자연이 빚은 천연냉장고 풍혈냉천이 있다. 진안은 자연 그대로의 절경과 용담호의 풍경도 보고 생명수인 물문학관도 둘러보면 좋다. 홍삼스파에서 몸을 다스리며 여유로움을 가져보면 좋을 듯싶다. 테니스 돔구장에서 10킬로미터 이내에 있어 맛 여행도 하고 관광도 하며 주목적인 테니스운동도 시원한 돔구장에서 하니 일석삼조가 아닌가?

진안 테니스 돔구장은, 평일은 물론 토요일 일요일처럼 쉬는 날엔 전주 등지에서 예약하여 운동을 한다고 하니, 좋은 소식이 아닐 수 없다. 지역경제에도 도움이 된다는 뉴스다. 진안공설운동장에 있는 테니스 돔구장을 활용하여 진안 경제를 살리는 마케팅을 해도 좋을 듯싶다. 진안고원의 아름다운 풍광을 돌아보고 운동도 하고 맛 여행에 맥주까지 곁들이면서 진안의 매력에 푹 빠져보면 어떨까 생각해 본다.

제 2 부

각시붓꽃을 닮은 아내

재수 없는 날

9월은 무더위가 가고 선선한 바람이 불어 마음마저 호젓한 계절로 활동하기 좋은 시기다. 달력을 보니 유난히 붉은 글씨가 눈에 들어왔다. 우리 고유의 명절 중추절이다. 이때가 되면 오래되었지만 잊혔던 일들이 떠오른다.

진안 5일 장날은 4일, 9일이다. 시장은 농촌 사람들의 유일한 만남의 광장이다. 추석 무렵이면 장터는 더욱 붐빈다. 명절 한 달 전부터는 싸전, 소전, 옹기전, 포목전, 생선전, 대장간, 약장수 등 생활에 필요한 모든 물건을 사고파는 사람으로 넘쳐난다. 그야말로 따뜻한 인심이 묻어나고 명절의 기분을 느낄 수 있는 유일한 곳이다.

지난 20년 전 9월 이때쯤 일이다. 장을 보러 간 아내가 시장에서 물건을 사고 물건값을 계산하려고 둘러맨 가방을 열어보니 뭔가 허전했다. 깜짝 놀라 가방 안을 아무리 뒤져 봐도 지갑이 없었단다. 순간 많은 사람이 밀고 밀쳤던 순간이 떠올랐다. 소매치기를 당한 것이다. 전화기로 들려오는 아내의 목소리가 급했다.

"나 소매치기당했어."

"어디서 어떻게 했는데? 다친 곳은 없어?"

다친 데는 없다고 하였다. 진정하고 그 자리에 있으라고 안심시킨 뒤 경찰서 정보과 정보계장과 통화했다. 지금 시장 내에 소매치기들이 활동한다는 제보를 했다. 아내도 소매치기 당했다고 말했다. 명절 보름 전쯤부터는 소매치기들이 난립한다는 것이다.

시장에 달려가 보니 이곳저곳에서 소매치기 당했다는 이야기가 분분했다. 아내는 벌벌 떨면서 잃어버린 돈이 아까워서 눈물을 글썽였다. 아내를 부축하여 시장을 나오는데 형사들이 돌아다니는 모습이 눈에 띄었다. 몸을 다치지 않은 것만 해도 다행이라고 생각하며 돌아왔지만, 마음은 못내 씁쓸했다.

다음 장날부터는 경찰들이 고정 배치되어 근무한다고 했다. 그 뒤 며칠 지나도 소매치기가 잡혔다는 소식은 들려오지 않았다. 가끔은 농민들이 애써 가꾼 농작물을 훔쳐 간다는 뉴스도 접했다. 농부들은 인삼을 수확하는 시기가 될 때는 현지에 움막을 짓고 그곳에서 생활한다. 그런데도 도둑맞았다는 소식이 가끔 들리곤 했다.

당시 농촌에서는 경찰들이 조를 편성하여 가을 수확을 마칠 때까지 순찰하였다.

소매치기는 지난 88올림픽부터 줄어들었다고 한다. 소매치기 일당들이 외국인에게 체면을 차려야 한다거나 나라의 체면을 위해서라도 당분간 하지 말자는 믿기지 않는 결의를 했다는 유머도 나돌았다. 경찰청 통계 소매치기 범죄 발생 건수는 2011년 2,378건이었지만 2019년도 535건으로 줄었다. 매일 5, 6건 정도 일어났던 범죄가 하루 1건으로 줄어든 셈이다.

소매치기가 줄어든 이유에는 현금 사용이 줄고 방범 카메라가 늘면서 소매치기범이 설 자리를 잃었다는 말도 있다. 소매치기를 통해 얻을 수 있는 이익은 줄고 대신 붙잡힐 수 있는 위험이 그만큼 커졌기 때문이리라. 아니면 실제 현금 대신 신용카드로 쓰는 사람이 늘면서 소매치기범의 처지에서 보면 눈독 들여야 할 현금 자체가 사라져 버렸기 때문이라는 생각도 든다.

소매치기범을 감시하는 '눈'도 많다. 거리 곳곳에는 방범 카메라가 설치되고 자동차 블랙박스 눈이 주시하고 있다. 공공기관에서 설치해 운영하는 방범 카메라는 주민의 설치 요구로 행정과 경찰관서의 협조로 시군마다 관제센터가 운영되고 있다. 지금은 마을 입구나 도로 요충지마다 방범 카메라가 눈을 부릅뜨고 지켜보고 있다.

얼마 전에도 수확을 앞둔 인삼을 캐 갔다는 소식이 들렸다. 경찰이 곳곳에 설치된 방범 카메라 덕분으로 계속 추적하여 검거했다고 한다. 어수룩한 시절 많은 사람이 모이는 곳에는 반드시 쉽게 남의 돈을 훔치는 범죄가 활개쳤었다. 그 뒤 많은 사람이 붐비는 곳에는 가지 말라는 교훈을 얻었다.

모든 만물이 절기 따라 삼라만상 변한다. 소매치기범도 세월 따라 변한다고 하는 것이 설득력은 있다. 지금은 방범 카메라 설치로 '꼼짝 마!'시대다. 현저히 줄어들었지만 스스로 나부터 그런 소매치기를 당할 틈새를 주면 안 된다.

저녁 식사 뒤 그때의 일들이 중복되었다. 소매치기 당했던 일을 아내에게 물으니 다시는 기억하고 싶지 않다고 했다. 물론 재수 없는 날이라고 생각할 수도 있지만, 정직한 삶을 살아가는 대다수 사람은 범죄 없는 세상을 꿈꾼다. 누구나 범죄 없는 세상을 만들어가는 것이 바람이다.

눈썰미

아침 햇살에 고추가 더욱 붉게 보였다. 어제 실한 고추를 마지막으로 한 소쿠리 따왔더니 아내가 마당에다 비닐을 펴고 널었다. 붉은 고추처럼 햇빛에 발그레한 아내의 얼굴이 천사 같았다. 아내는 나의 보배다. 삶을 함께 가꾸는 평생지기로서 최고의 반려자다.

하는 일마다 척척 잘해 낸다. 눈썰미도 있다. 그러니 아직도 직장에서 인정받으며 일을 계속하고 있다. 그러나 요즈음 피곤하다며 몸이 예전과 같지 않다는 소리를 자주 한다. 학교 다닐 때는 기억력이 좋아 척척 암기도 잘했는데 요즘은 머리가 안 따라 준다며 푸념한다.

얼마 전 아내가 미장원에 다녀온 뒤 어떤 아저씨를 칭찬했다. 그 분은 눈썰미가 있어서인지 집 안의 고쳐야 할 것들이 있으면 적은 비용을 들여 직접 수리한다며 부럽다고 했다. 우리 집은 수리할 것이 많은데 남편이란 사람은 밖으로만 다니고 집에 관심이 없다며 은근히 나를 핀잔했다. 이것저것 고장난 것들이 많은데 고치지 않고 차일피일 미루기만 했으니 그런 말을 들어도 이제는 꿀 먹은 벙어리가 되었다.

붉어진 고추만큼 이파리들이 하루가 다르게 색을 갈아입고 아름답게 펼쳐졌다. 노랗고 빨간색 물결이다. 주말에 단풍 구경이라도 나가고 싶은데 아내 몸이 천 근인 모양이다. 아내는 토요일이면 몸과 마음을 내려놓고 내공을 쌓는다. TV 앞에서 리모컨을 만지작거리면서 뭔가 불만이 가득한 표정이다. 곧 본인이 좋아하는 프로를 봐야 하는데 TV가 안 켜진다고 했다. TV 기기에 문외한인 나는 어떻게 해야 할지 모르는 상태였지만, 호기롭게 리모컨을 달라고 했다. 작동해 보았지만 켜질 기미가 없다.

모니터 앞뒤를 살펴보아도 전혀 알 수가 없다. 전자제품이라 함부로 열어볼 수도 없고 관련 접속 단자를 재작동해보고 모니터 앞뒤를 깨끗이 닦아 주었다. 그 뒤 리모컨을 작동해 보니 켜지는 것이 아닌가? 아내는 어떻게 고쳤냐 의아한 눈치를 보이다가 눈썰미가 좋다며 엄지를 치켜세웠다. 먼지만 제거했을 뿐이지만, 뭔가 크게 손을 본 것처럼 어깨에 힘을 주었다.

마라톤의 반을 돌아 지나고 있는 지금 제2의 인생을 체험하고 있다. 그동안 아내는 일인다역을 하였지만 나는 직장에 다닌다는 이유로 집안일에는 무심했다. 그러나 퇴직 뒤에는 아내와 역할이 바뀌었다. 내가 집에 머무는 날이 아내보다 많아졌다. 아내의 일을 도맡아 한다. 세탁기 활용법을 몰라 아내에게 배웠다. 세탁 뒤에는 널고, 저녁에 빨래를 걷어 개었다. 어설펐지만 설거지도 했다. 기름진 그릇들은 주방에 있는 화학 세제를 사용하지 않고 밀가루를 사용하거나 베이킹소다와 같은 천연세제를 사용하여 제거하는 것도 배웠다.

며칠 전에는 저녁 식사 중에 아내가 싱크대 밑으로 물이 누수된다고 했다. 걱정하지 말라고 큰소리를 쳤다. 솔직히 싱크대 구조에 대해서 아는 것이 없는데 허세를 부렸다. 드라이버를 가져다 분해하니 애로가 많았다. 전문 기술이 필요한 미세한 부분을 알 턱이 없지 않은가. 관련 업자를 부르면 출장비까지 지급해야 한다는 말에 일단 보류했다. 다음 날 싱크대 판매인을 찾아가 설명을 듣고 해당 부품만 구매하여 교체했다.

또 어느 날은 샤워실 물 내려가는 하수도 연결 부위 타일이 깨져 주변이 부실했다. 타일과 시멘트를 구매하여 말끔하게 손질했다. 올해는 유난히 긴 장마로 비가 많이 내렸다. 단독주택에 살다 보니 전기가 누전되어 자주 말썽을 부렸다. 밖에 있는 창고, 화장실 등을 점검하고 원인을 제거했다.

요즈음 아내가 나를 대하는 눈이 달라졌다. 그동안에는 아무것도 할 줄 모르는 남자로 생각했던 모양이다. 눈썰미가 있어 가정생활의 세세한 일들을 척척 해결해내니 남편이란 존재를 인정하는 것 같다.

이제는 눈썰미 개발을 위해서 다른 다양한 것을 배워볼 참이다. 적어도 사랑하는 아내가 불편함을 느끼는 것들을 해소해주면서 살아야 할 것이 아닌가. 천사 같은 아내를 선택한 내 눈썰미는 이미 검증된 것이라 자부해본다.

가족사진

말을 타고 찍은 사진이 거실에 걸려 있다. 아내와 함께 한 쌍의 말 위에서 환하게 웃고 있다. 십 년 전쯤 제주 관광 중 체험 코스에 참여했다. 그때 사진은 가족이라는 보이지 않는 끈으로 엮은 울타리를 보는 것 같다.

제주에서 처음 말을 탔다. 말 관리인이 고삐를 잡아주며 타게 했으나 조금은 무섭기도 하고 얼떨떨했다. 아내는 못 탄다고 자꾸 내려오려고 했으나 관리인이 동행해주어서 끝까지 코스를 돌아왔다. 사진을 보니 오래전 그때 일이 떠올라 웃음이 난다.

직장에서 모범 공무원으로 선정되어 부부가 제주도에 2박 3일 일정으로 여행을 갔다. 성읍민속마을에서 옛 제주인들의 전통적 삶의 현장을 돌아봤다. 한 집 뒷간 돼지우리에서는 돼지가 육지 손님을 반기는 듯 짧은 꼬리를 흔들며 왔다 갔다 했다. 유람선을 타고 바라본 우도와 성산일출봉은 가히 비경이었다. 제주 여행객들이 가는 곳은 거의 둘러본 것 같다.

몇 해 전, 아내가 다음 주 토요일 약속을 잡지 말라고 했다. 사진 촬영권 한 장을 호주머니에서 꺼내 보였다. 달력 날짜 밑에 가족사진이라고 표기했다. 그때 찍은 사진이 내 서재 위쪽 벽에 걸린 사진이다. 30여 년 전 찍은 사진 안에 아내와 아이들이 있다. 앉은 모습이 귀엽다. 얼굴이 천진난만하다.

당시 어렵게 살았던 시기임을 어렴풋이 느낄 수도 있다. 옆에는 어머니도 있다. 작은아들은 내 무릎에, 큰아들은 어머니 품에 안겨 있다. 큰형님 댁에서 설을 맞아 세배 후 찍은 사진 같다. 큰애가 진안선교원에 다닐 때쯤이다. 사진을 볼 때마다 그 시절을 회상한다.

진안 군상리 우아 3동 신용주택에 살던 시절 큰애 작은애 모두 진안읍 교회 선교원에 다녔다. 부모님을 모시고 살고 싶었으나 당신들 살던 곳에서 따로 살고 있을 때였다. 그래도 종종 와서 우리 애들을 보살펴 주셨다. 명절은 꼭 우리 집에서 보내셨다. 어머니는 손자들을 그렇게 이뻐하셨다.

시간은 유수라 했던가 참 많이도 흘러갔다. 초등학생이던 큰애가 엊그제 논산으로 입영한 것 같은데 벌써 제대했다. 아들이 어느덧 군복무를 마치고 집에 있으니 가족사진 찍기는 안성맞춤이었다. 작은아들도 시내에서 일하고 있어 모처럼 날을 잡았다. 구름 한 점 없이 맑은 날, 시원한 바람도 불었다.

시내 사진관으로 우리 가족은 함께 갔다. 집에서도 나름 멋을 내고 사진관으로 간 가족들은 다시 거울 앞에서 매무시를 손질했다. 거울 앞에 서서 바라보니 세월이 많이 흘렀음을 느낄 수 있었다. 머리를 다시 매만지고 사진 전문가의 도움을 받아 메이크업도 간단히 했다.

의자에 앉아 찍고, 서서 찍고, 환하게 웃으며 시키는 대로 했다. 사진을 찍다 보니 갑자기 허전했다. 어머니가 문득 생각났다. 성장한 아들이 병역 의무를 마치고 성인이 되었으니 어머니에게 인사도 드리고 안겼으면 얼마나 좋을까.

천진난만했던 아들은 수염이 거뭇하고, 아내도 흰머리가 늘고 눈가에 주름살도 깊어졌다. 나 역시 회갑 나이다. 몸도 퍼지고 머리카락도 희끗희끗, 탈모로 이마는 넓고 주름살이 많아졌다. 슬하의 아이들도 어느새 성장하여 의젓한 청년이 되었다. 언젠가 취업하고 결혼하여 각자의 삶을 꾸릴 것이다. 가족사진 찍을 생각을 한 아내가 대견하고 고맙다.

가족사진 찍기는 즐거운 일이지만 정말 힘이 들고 각자의 일정이 있어 조율하기가 어렵다. 내 일정에 맞추다 보면 아내의 눈치가 보인다. 아들의 일정도 어떤지 따져야 한다. 명절 때 아니면 모인다는 것은 큰맘 먹어야 한다.

벽에 걸린 가족사진은 흩어져 지내고 있는 한 사람 한 사람의 가족들을 묶어주는 스크린이다. 지나온 시간들을 고스란히 보여준다.

12월의 선서

달랑 한 장밖에 남지 않은 달력이 눈에 들어왔다. 벌써 하순이다. 며칠만 지나면 갑오년 한 해도 뒤안길로 사라진다. 서신동 황방산 단풍이 형형색색으로 가을을 노래한 지가 엊그제 같은데 벌써 겨울의 한복판 올 한 해 끝자락에 와 있다. 올해는 다른 해와 달리 눈이 많이 내렸다. 도로가 빙판길로 변해 오가는 데 어려움이 많았다. 하루해가 기울면 추위가 옷깃을 파고들어 살이 아렸다. 창밖은 눈으로 온 세상이 하얗다. 새해에는 아내를 더 사랑하기로 선서했다.

'따르릉' 근무 중 휴대전화가 울렸다. 끝나고 빨리 왔으면 좋겠다는 아들의 주문이다. 아내가 병원에 입원했다는 것이다. 처음에는 무슨 일인가 당황했다. 서둘러 퇴근하고 병원에 가니 발에 깁스한 아내가 누워 있었다. 측은하고 마음이 아팠다. 살아오는 동안 한 번도 병원에 간 일이 없는 아내다. 어지간하면 참고 견디는 아내였는데 병원에서 아내를 보니 울컥 눈물이 났다.

깁스한 발을 보니 생각이 많아졌다. 지난해 시월 직장 동료 모임에서 부부 동반으로 중국 나들이했을 때, 아내가 발을 헛디뎌 넘어졌다. 그때는 조금 절기만 해서 대수롭지 않게 여겼는데 이번에 또 넘어지는 바람에 병원 신세를 지게 된 것이다. 내 무심함이 병을 키운 것 같다.

오늘은 안디옥교회에서 예배 중 휴대전화 진동음이 울렸다. 아내가 보낸 문자 메시지였다. 빨리 왔으면 좋겠다고 했다. 대전에서 오빠와 언니, 작은동생이 왔다. 아내가 병원에 있으니 병문안 차 온 것이다. 시계를 보니 오후 1시 반을 훌쩍 넘기고 있었다. 형님은 나를 보자마자 한마디 했다.

"처남은 이번 기회에 확실히 보험을 넣어야 해."

무슨 뜻인가 어리둥절하고 있으니 재차 말했다.

"인생 보험을 확실히 넣어두지 않으면 후회한다고."

"아! 그 보험? 알겠습니다."

"아빠도 이때 확실히 보험 가입해야 해."

곁에 있던 아들도 거들면서 한마디 하고서 피식 웃었다.

"알았다, 알았어!"

웃으면서 이번 기회에 확실히 보험 넣기로 했다니까 다들 웃었다.

이왕 전주에 왔으니 전주에서 유명한 곳에 다녀갈 수 있도록 처남을 잘 안내해드리라고 처제에게 부탁했다. 비빔밥을 먹고, 한옥마을을 돌아보며, 풍년 제과점의 소문난 초코파이 빵도 구매해서 돌아갔다.

병실에서 둘만의 시간이 주어졌다. 평소에는 서로 바빠 대화의 시간이 부족했다. 아내가 아프니 새삼 아내의 소중함이 가슴 가득 차오른다. 아내가 내 곁에 없다면? 생각하기도 싫다. 그런 날은 오지 않아야 한다. 나는 아내보다 하루라도 빨리 죽을 것이다.

입원실에 아내 혼자 두고 집에 가려니 걸음이 무거웠다. 이번 기회에 확실히 보험도 넣고 눈도장도 찍고 퇴근만 하면 병원으로 달려가 위로도 하고 외롭지 않게 하기로 다짐했다. 날마다 퇴근하면 직장과 주위에서 일어났던 일들을 이야기하며 자리를 지켰다.

그러던 어느 날, 아내가 입을 열었다. "이젠, 나도 많이 약해졌나 봐." 눈물을 글썽거렸다. 그 말을 들으니 그동안 아내에게 무심했던 일들이 후회되었다.

빙판길에서 넘어져 다친 발은 쉽게 낫질 않았다. 아내는 집 근처 정형외과로 옮겼다. 병원 생활이 길어지고 있다. 직장과 집, 병원 생활이 만만치 않다. 그동안 아내의 역할이 이렇게 컸다는 것을 새삼 알았다. 직장에 다니며 월급만 가져다주면 내 역할을 다하는 것으로 생각했다. 그러나 그게 아니었다. 남편의 시중을 들고, 출근 준비를 하며, 식사, 빨래, 청소는 물론 아들 관련 문제 등, 집 안 구석구석 아내의 손길이 닿지 않은 게 없었다. 퇴근해도 아내가 집에 없으니 허전했다.

또 함박눈이 내리고 있었다. 온 세상이 하얗게 변했다. 나무는 옷을 다 벗고 있으니 얼마나 추울까? 이 엄동설한에 말없이 잘도 버틴다. 묵묵부답, 대꾸도 없다. 아프다, 춥다, 한마디 항의도 없이 그 자리에서 지켜내니 어찌 대단하다고 하지 않을 수 있으랴.

나무들만의 세계를 마음으로 들여다본다. 나뭇잎도 단풍이 되어 다 지고 없지만 땅속에서는 생명을 유지하기 위해 몸부림치고 있을 것이리라. 봄이 오면 새 생명은 파릇파릇 움이 트겠지. 자연의 섭리에 더욱 놀라지 않을 수 없다. 녹록하지 않은 삶의 여건 속에서 부단히 노력해야 생명을 이어간다는 것을 깨닫는다.

오래전 아내가 출산예정일이 되어 산부인과에 입원했었다. 분만하기 전에 진통이 계속되어 아내의 고통이 심했다. 나는 그때만 해도 혈기가 왕성했고 특히, 테니스를 좋아했는데 마침 TV에서 테니스 경기 중계방송을 하고 있었다. 아내 곁을 지키면서도 마음은 테니스 경기에 빼앗겨 잠깐잠깐 병실 밖으로 나가 TV를 시청했다. 아내는 어디 갔다 왔냐며 짜증을 냈다.

다행히 떡두꺼비 같은 아들을 순산하였다. 그 아이가 지금은 우리 집 대들보 장남이다. 아내는 그때의 일을 떠올리면서 가끔 내가 정말 미워 죽겠다고 한다. 처남의 말이 자꾸 생각났다. 이번 기회에 보험을 확실히 잘 넣으라는 말은 남은 인생 남편으로서 아내에게 대접받으며 살고 싶으면 아내에게 잘하라는 명령으로 들렸다.

지금 100세 시대라 한다. 나도 인생 재설계 중이다. 있을 때 잘해야 하고, 외로울 때나 아플 때는 서로 의지하면서 알콩달콩 살아야 하지 않겠는가? 이모작 농사를 잘 지으려면 아내의 협조가 절대적으로 필요하다. 요즈음, 나는 인생 공부를 다시 하고 있다.

인생 선배의 글에 전적으로 공감한다. "나는 내가 좌절할 때 그리고 내가 병들고 연약해질 때 누구보다 나를 위해줄 사람은 내 아내임을 확신하며 그녀가 평생을 사는 동안 일생 중 가장 잘한 선택은 나였음을 인정할 수 있도록 늘 그녀를 사랑하고 위할 것이다." 라는 말을 새기며 마음으로 선서했다.

그리움은 늙지 않는다

매년 이맘때면 어머니 생각이 간절해진다. 내일은 어머니의 기일이다. 나는 오늘 아내와 함께 산소에 갔다. 주위를 둘러보고 아버지 어머니에게 절을 올렸다. 바쁘다는 핑계로 자주 찾아뵙지 못하는 아들과 며느리는 송구한 마음뿐이다. 유난히도 햇살이 따사롭다.

몇 년 전 심은 편백이 많이 자랐다. 산소에 와서 부모님과 함께 있으니 마음이 평안하고, 지난 일들이 새록새록 떠오른다. 어머니가 나를 낳던 해는 유달리 추웠단다. 초가집에 정월이라 외풍도 많은지라 따뜻하도록 아궁이에 군불을 많이 지폈다고 한다. 나를 눕혔던 온돌방이 너무 뜨거워 엉덩이에 그만 화상을 입었다는 것이다. 그때 화상 입은 흉터가 엉덩이에 아직도 남아 있다. 10여 년 전에도 어머니는 몸을 씻고 나온 나에게 옷을 입기 전에 뒤돌아보라고 했다.

"너를 혹 잃어버리면 찾으려는 표시다."라며 엉덩이를 탁 때리며 웃곤 했다. 지난 주말 덕진체육공원 테니스코트에서 운동한 뒤 회원들과 샤워했다. ㅂ 회원이 엉덩이를 보더니 무슨 흉터냐고 물었다. 옛이야기를 하다 보니 또 어머니 생각이 났다. 산소에 올라오며 작은형님의 묘소를 보니 마음이 짠했다. 30여 년 전 그 형이 한 해를 마무리하는 12월 31일 전주 오목대 육교 밑에서 교통사고로 세상을 등졌다.

연말이라 언론에도 나오지 않았다. 교통사고 소식을 접한 어머니는 눈물과 땅이 꺼질 듯한 한숨으로 시간을 보내시며 식음도 전폐하고 지냈던 일들이 떠오른다. 지금은 부모님도 다 돌아가시고, 큰형과 작은형도 없으니 허전하기 이를 데 없다.

산소에서 내려올 때 해는 서산에 뉘엿뉘엿 넘어가고 바람도 불어와 볼에 흐르는 눈물을 닦아주었다. 단풍 든 나뭇잎들도 여기저기 흩어져 떨어져 간다. 햇살도 짧아지고 소슬바람이 불어와 온몸이 싸늘한 절기를 느끼게 하고도 남는다. 뿌리가 없으면 나무도 자랄 수 없듯이 우리 인간도 조상의 뿌리가 없으면 존재할 수 없다는 것을 몸소 깨닫게 한다.

오늘은 옷장에서 여름옷과 초가을 옷을 모두 정리했다. 장롱 속의 겨울옷을 하나하나 내놓았다. 옷장 속의 옷을 한참 정리하다 보니 삼베가 한 묶음 눈에 띄었다. 삼베를 보니 또 어머니 생각이 문득 일어난다. '수의壽衣를 지을 삼베를 미리 준비하면 오래 산다고 하더라.'라며 어머니는 삼베를 준비하셨는데 그 바람만큼 오래 사시지는 못한 것 같다. 삼베를 움켜쥐고 한참 울먹였다. 가슴이 먹먹했다.

유달리 어릴 때 어머니 속을 썩이고 애를 태우며 자란 아들이 어느새 이순耳順고개를 훌쩍 넘어가 버렸다. '망나니같이 지낸 어린 시절, 어머니의 사랑을 한없이 듬뿍 받았음을 고백합니다. 어려웠던 그 시절 개떡과 보리떡을 잘 만들어 주셔서 많이도 먹었지요. 그래서 지금도 떡을 좋아하나 봅니다.' 먹고 싶은 것, 입고 싶은 것, 갖고 싶은 것이 있어 조르면 '며칠만 기다려 보자.'라며 다독여 주셨던 어머니다.

그 다정한 말씀들이 행복인 줄 난 정말 미처 몰랐다. 어머니! 이름만 들어도 포근하고 따뜻하여 내 마음에 함께 살아 있어 늘 외롭지 않다. 장롱 속의 삼베를 보노라니 어머니께 잘못한 것들만 뭉게구름처럼 피어오른다. 이것이 자식들의 마음일까? 어머니 돌아가셨을 때 왜 이 삼베로 수의를 지어 드리지 못했을까 아쉬움만 남는다. 그때는 정말 아무 경황이 없던 터라 어머니가 마련했던 삼베가 생각나지 않았다. 어머니가 떠 놓은 삼베로 수의를 지어 드렸어야 했는데 죄송한 마음만 남아 있을 뿐이다.

아무리 나이를 먹어도 어머니에 대한 그리움은 늙지 않는다. 자식을 낳고 자식을 위해 헌신만 하셨던 어머니의 생전 모습이 떠올라 마음이 아리다. 늦가을 어머니와 영영 이별한 뒤 수많은 시간이 유수처럼 흘러가 버렸다. 자연은 돌고 돌지만 한번 가신 어머니는 돌아오지 않는다.

문득 「한시외전韓詩外傳」에 전하고 있는 7언 고시 '나무가 고요히 있고자 하나 바람이 그치지 아니하고, 자식이 부모를 모시고자 하나 기다려주지 않는다.'라는 풍수지탄風樹之歎이 내 가슴을 저민다. 오늘따라 어머니가 몹시도 보고 싶다. 작은아들 먼저 하늘나라로 보내고 한동안 눈물로 보내셨던 어머니가.

뒷마루에 앉아 마이산 쪽만 하염없이 바라보며 눈물을 훔치시던 어머니가 가슴 시리게 그립다. 삼베를 다시 정갈하게 접어 장롱 속에 깊이 넣어두었다. 그리운 어머니를 마음에 잘 간직하듯이.

각시붓꽃을 닮은 아내

꽃들이 자태를 뽐내는 봄, 꽃의 향연이 온 산야에 펼쳐졌다. 좋은 절기에 백세 시대가 왔다는 말에 동의한다. 하지만 노년의 현실적인 삶은 녹록하지 않다. 아내와 함께 미지의 넓은 파도를 헤치며 바다를 노저어 가야 한다. 어떻게 건강하고 행복하게 항해할까. 언제 행복이란 섬에 다다를까.

아내와 격포를 향해 출발했다. 따뜻한 햇볕, 신선한 바람, 벌써 여름이 온 것 같다. 얼굴에는 송알송알 땀방울이 맺힌다. 시원한 바람을 맞으며 도로를 달리니 마음은 하늘을 날 것 같다. 지난여름에도 다녀간 곳이지만, 오늘따라 유달리 정겹다. 바닷가의 비린내가 코를 찌른다. 젊은이들처럼 바닷가 모래사장에 나란히 발자국을 남기기도 하고 멀리 수평선을 바라보기도 했다.

어느새 해는 뉘엿뉘엿 석양의 바다와 한 폭의 그림을 그렸다. 당초 3월에 제주도에 가기로 했으나 비행기 좌석을 예약하지 못해 부안 격포에서 1박 2일을 하기로 목적지를 바꾸었다. 저녁을 먹고 다시 바닷가로 나갔다. 아내의 손을 잡고 방파제를 걸으니 시원한 바람이 살갗을 매만졌다. 깜박이며 희미하게 보이는 등대를 바라보니 내 삶의 후반기를 보는 것 같다. 바닷가의 야경은 이색적인 풍경이었다. 어둠 속에 불빛만 반짝거렸다.

돌아오는 길은 더 여유로웠다. 바다는 은구슬처럼 빛나고, 산에는 나무들이 함껏 자태를 뽐내고 있었다. 아내가 잠시 쉬어 가자며 커피숍에 들르자고 했다. 상호가 '추억을 나누며'였다. 우리를 위해 준비된 곳 같아 반가웠다. 잔잔한 음악이 흘렀다. 창밖으로 보이는 바다의 끝은 멀리 수평선만 보였다. 바다도 우리처럼 삶의 후반기를 준비하려는지 파도가 조금씩 일렁였다.

카페 입구에는 17년 경력의 도예가가 빚었다는 컵과 접시 등이 진열되어 사람들의 눈길을 끌었다. 창가에 앉아 아내와 함께 바다를 마셨다. 다음 날 마을 입구 목련꽃 아래 각시붓꽃을 보았다. 지나가는 사람들은 목련꽃만 바라보며 예쁘고 향기롭다며 법석을 떨었다. 내 눈에는 제자리를 지키는 각시붓꽃이 의연하고 더 예뻤다. 가다 말고 한참을 앉아서 지켜보았다. 꽃의 자태도 아름답고 순수하여 참 좋다. 내 마음을 유혹하는 꽃이다. 넋을 놓고 바라보자니 도종환의 「흔들리며 피는 꽃」이 떠올랐다.

흔들리지 않고 피는 꽃이 어디 있으랴/ 이 세상 그 어떤 아름다운 꽃들도/ 다 흔들리면서 피었나니/ 흔들리면서 줄기를 곧게 세웠나니/ 흔들리지 않고 가는 사랑이 어디 있으랴/ 젖지 않고 피는 꽃이 어디 있으랴/ 이 세상 그 어떤 빛나는 꽃들도 (…)

— 도종환의 「흔들리며 피는 꽃」

아내는 각시붓꽃을 닮았다. 묵묵히 제자리를 지키는 꽃인 아내는 요즈음 일터에 평가가 있어 준비하고 있다. 한 달 전부터 평가 준비를 위해 늦게 퇴근했다. 업무 누적으로 야근이 지속되어 피곤함이 묻어난다. 늦게 돌아오는 아내를 볼 때마다 안쓰러운 마음이다. 어젯밤도 자다 깨어 보니 옆에서 자는 아내가 측은해 보였다. 함께한 지도 어언 30년이 흘렀다.

시어머니와 두 명의 자녀 뒷바라지를 하며 온갖 가정 살림살이까지 했다. 거기에 직장까지 다닌다. 일인다역의 생활을 말없이 해내는 아내가 한없이 고마울 뿐이다. 내가 좋아서 죽고 못 산다며 쫓아다녔던 마음 변치 말고 잘해 주어야 하는데, 고생만 시켜 늘 미안할 뿐이다. 아내의 늘어가는 새치가 고단한 삶을 대변하고 있다. 직장에서의 평가가 끝나면 가까운 곳이라도 함께 오붓이 다녀오고 싶었다.

내가 그녀를 처음 만났을 때는 만물이 소생하는 봄날이었다. 냇가의 버들강아지는 움이 텄고, 물은 차갑다 못해 발끝이 시릴 때였다. 어디선가 피아노 소리가 은은히 울렸다. 은구슬처럼 흐르는 소리에 귀를 쫑긋 세우고 문틈 사이로 들여다보았다. 예쁜 아가씨가 연두색 원피스 차림으로 피아노를 치고 있었다.

그 모습은 마치 천사가 내려와 아름다운 선율을 들려주는 것 같았다. 나는 직장에서도 잠을 자면서도 그녀의 모습이 떠올랐다. 그때가 우리 만남의 계기가 되었다. 사계절이란 시간을 보낸 뒤, 그녀는 내 연인이 되었다. 격포 바닷가에서 잡은 그녀의 손은 정말 따뜻하고 포근했다. 지금도 내 눈에 아내는 천사로 보인다.

내 나이 벌써 두 해만 지나면 육십이다. 하지만 마음은 40대가 아닌가. 벌써 세월이 흘러 이렇게 되었다. 모처럼 우리 부부 여유롭게 나들이하며 삶의 뒤안길을 돌아보고, 앞으로는 후회 없는 삶을 어떻게 살아갈지 생각해 보았다. 내소사의 울창한 숲을 뒤로하고 돌아온 1박 2일의 여유 있는 나들이였다. 기회가 된다면 일상에서 가끔 탈출해 보는 것도 좋을 듯싶다.

누가 그랬던가? 아파서 병원에 치료비를 내는 것보다 사전 예방하는 것이 좋다고. 아내에게 근무 끝나면 헬스장이나 수영장에 다니도록 복지 카드로 예약해주고, 시간이 날 때마다 함께 걷기운동을 하면 좋을 것 같다.

문득 어떤 책에서 읽은 「노년의 지혜」란 글이 떠올랐다. 여행길에서 잠시 우리의 삶을 뒤돌아보게 한다.

'친구여, 나이가 들면 설치지 말고, 미운 소리 우는 소리 헐뜯는 소리 그리고 군소리 불평일랑 하지 마소. 알고도 모르는 척, 모르면서도 적당히 아는 척, 어수룩하소. 그렇게 사는 것이 편안하다오. 친구여! 상대방을 꼭 이기려고 하지 말고, 적당히 져주구려. 한 걸음 물러서서 양보하는 것, 그것이 지혜롭게 살아가는 비결이라오. 친구여! 그대는 뜨는 해, 나는 지는 해, 그런 마음으로 지내시구려. 나의 자녀 나의 손자 그리고 이웃 누구에게든지 좋게 뵈는 마음씨 좋은 이로 살아가시구려. 멍청하면 안 되오. 아프면 안 되오. 그러면 괄시한다오. 아무쪼록 부디 오래오래 사시구려.'

병원은 어느 병원이나 만원이다. 요양원에서 죽음을 기다리며 침대에 누워 있는 사람들을 볼 때나, 장례식장에 갈 때마다 마음이 아프다. 건강이 최고라는 생각이 든다. 100세 시대에 거는 기대는 현재 진행 중이다. 나는 사계절 내내 피는 각시붓꽃을 상상한다.

어머니 산소 가는 길

책상에 놓인 사발시계가 '째깍째깍' 정적을 깼다. 초침에 이어서 분침이 움직이고 때가 되니 시침이 활동한다. 이렇게 서로의 약속으로 협력하며 잘도 간다. 이순을 넘어 몇 해를 지나다 보니 시간에 예민해지고 갈수록 빠름을 피부로 느낀다. 뒤돌아보니 한 것은 없고 부족한 부분만 다 갖고 살아가는 것만 같다. 추석 명절이 가까워지니 어머니 생각이 많이 난다.

나는 병신년 정월 열나흗날 태어났다. 부모님의 기다림 속에 늦둥이가 태어나 그렇게 좋아했다고 작은누님이 몇 번이나 말씀하였다. 어머니와 살아생전 일들이 주마등처럼 스친다. 어머니는 무척 나를 사랑하셨다. 아침저녁으로 시원한 바람이 불어오니 계절의 흐름이 실감된다. 며칠 전부터 어머니를 뵈었다. 시골 옛집 마루에 걸터앉아 환하게 웃는 모습이 그렇게 좋았다. 깨어보니 꿈이었다.

어머니가 보고 싶어 목골 산기슭에 자리한 산소에 달려갔다. 잡초는 물론 각종 풀이 자라 묘지를 덮고 있다. 올해는 살아계실 때 못다 한 효도하는 마음으로 손수 벌초를 하기로 마음먹었다. 그동안은 벌초하는 분들에게 맡기거나 조카들과 함께했었다.

산소가 있는 목골 길은 겹겹이 펼쳐진 산 위로 흰 구름이 흐르고 시원한 바람이 답답한 마음을 보듬어주었다. 소나무들은 푸르고 들판의 벼들은 노랗게 물들어 있었다. 산소에 가는 내내 지난 일들이 떠올랐다. 어머니는 아버지를 따라 이곳으로 모셨다. 그때는 정월이라 쌓인 흰 눈으로 세상이 온통 하얗었다. 아버지 돌아가시자 가족묘를 마련했다. 그 뒤 작은형도 이곳으로 왔다.

그 후에 어머니도 이 길 따라서 오셨다. 큰형님 형수님도 이곳 모셨다. 언젠가는 나도 이곳으로 올 것이다. 인생은 그렇게 새털구름처럼 흘러가리라. 석양의 노을을 바라보며 온 가족이 아름답게 거처하리라.

산소 주변에 심어놓은 측백나무도 가슴 높이까지 자랐다. 입구 주변에는 들국화가 활짝 펴 부모님 곁을 지킨다. 부모님과 형님들의 산소를 둘러보고 감정이 북받쳐 주저앉아 많은 눈물을 흘렸다. 그 눈물을 합하면 목골 골짝에 물이 가득 넘쳐 날 것이다. 주변을 돌아본 뒤 산소에서 부모님 묘에 기대앉으니 무척 마음이 편했다. 하늘에 먹구름이 끼더니 내 마음을 읽기라도 한 듯 가랑비가 내렸다.

문태준의 시집 『맨발』 중에서 시 「당신이 죽어 나가는 길을 내가 떠메고」가 떠올랐다.

당신이 죽어 나가는 길을 내가 떠메고 갑니다.
그 길은 멀어서 쑥이 많이도 피었습니다.
당신이 이녁에서 지게를 지고 다니면서 한숨을 내려놓던
들길이며 들꽃 핀 돌비석 앞이며 오래도록 물이 흘러가는 걸
바라보았을 나무다리며 깊게 파인 눈두덩 같은
살구나무 그늘이며 깊은 못가를 지나갑니다.
당신을 위해 상여를 멈추었다가 갑니다
죽음은 달그림자가 못에 잠기는 것
젖을 듯 말 듯 산그림자 속으로 당신은 잠기어 갑니다.

눈물인지 빗물인지 모르게 내 몸을 적셨다. 모처럼 부모님 벌초를 해 드리니 마음이 한층 뿌듯했다. 불경에서 '사람은 태어나는 것도, 죽는 것도, 누구와 함께 살더라도 혼자이다. 아무도 끝까지 나를 따를 자는 없기 때문이다.'라는 말이 있다.

돌아오는 내내 차 유리창에는 빗방울이 번졌다. 부모님을 그리워하는 나의 눈물 같았다.

보릿고개 길목에서

5월, 아름다운 봄날이다. 소나기처럼 부서져 내리는 햇살 속에서 온갖 꽃들도 아름다움을 뽐내며 피어난다. 가까운 곳에 텃밭이 생겼다. 일주일 전 텃밭에 심어놓은 작물을 둘러보니 지력이 좋아서인지 파릇파릇 싱싱하다. 면적은 세 평 반이다. 집에서 멀지 않은 곳에 있어서 관리도 편하다. 아내도 싫지 않은 기색이다. 텃밭을 둘러보니 고향에서 초등학교 다닐 때의 시절이 겹쳤다.

내 고향은 울창한 숲이 있고 지서 뜸에는 삼을 찌는 삼 터가 있었다. 집집이 삼을 재배하고 삼베를 짜는 시절이었다. 어머니도 방안에서 베틀에 앉아 삼베를 짜곤 했다. 그 시절은 냉장고가 없는 때라 여름철에는 소쿠리에 보리밥을 담아 시렁에 매달아 놓고 먹곤 했다. 집 뒤곁에 있는 우물 속에 김치를 줄달아 넣어 놓고 식사 때마다 꺼내 먹었다. 어머니는 텃밭에서 고추, 상추와 쑥갓을 뜯어와 우물가에서 씻어 된장과 가족이 함께 먹었다. 반찬은 몇 가지 안 되지만 싱싱한 상추쌈은 허기진 배를 채우기에 충분했다. 어머니는 아침을 드시면 온종일 밭에서 일했다. 피곤한 몸으로 어려운 보릿고개를 넘기며 우리 형제를 어렵사리 키웠다.

전북대 농대 캠퍼스에 조그만 텃밭이 생겼다. 우연한 기회에 신문을 보다 알게 되어 신청하고 기다렸더니 운 좋게 배정이 되었다. 집에서 3킬로쯤 떨어진 거리이다. 동물원을 지나 덕진 체련공원을 가로질러 아스팔트 길 연녹색 물결의 플라타너스 길을 따라갔다. 위치는 전북대학교 농대 캠퍼스 후문 쪽이다. 확 트인 바둑판 같은 텃밭이다.

시민들과 소통하고자 하는 뜻이 담겼다. 밭두렁을 만들고 검정 비닐을 씌웠다. 다른 농가들도 텃밭을 정리 중이다. 상추, 고추와 파, 오이와 토마토를 몇 주씩 같은 두렁에 나누어 심었다. 한 두렁에는 생강을 심고 짚으로 덮어 주었다. 그곳에 갈 때마다 쑥쑥 커가는 작물을 보면 마음이 흡족하다.

30년 전 어머니를 모시고 현재 있는 집으로 이사한 뒤 화단에 감나무와 자두나무를 심었다. 고향을 떠나 처음 이사 온 허전함을 달래볼 심정으로 심었을 것이다. 아들 며느리 출근한 뒤에 혼자 지내는 외로움을 메우고자 하셨는지도 모른다. 그때 고향 집이 헐리고 대지만 남았다.

어릴 적 집 뒤안에는 감나무가 있었다. 그 시절엔 간식거리가 없었다. 매년 가을에는 장독 옆에 있는 넓적 감을 따고 사자골 밭에서 수시감을 따다 장독에 넣었다. 겨울이면 언 홍시를 녹여 가며 먹었다. 겨울밤 감을 먹으며 도란도란 어머니와 이야기하는 것이 유일한 낙이었다.

이곳 전주 집 화단에 심어놓은 감나무, 자두나무는 어머니의 몫이었다. 거름도 주고 물도 주었다. 봄마다 연녹색 잎에 커가는 모습을 볼 수 있었다. 창밖의 화단을 바라보면 봄에는 연록으로 소생의 기쁨을, 여름에는 끈기 있는 생명력의 푸름을, 가을에는 잘 익은 과일을 안겨주었다. 겨울에는 벌거벗은 몸에서 인내와 기다림을 배웠다.

화단에 있는 감나무는 올해도 5월 연록의 잎들이 짙어가니 새삼 어머니가 꿈에 보인다. 고향은 내가 태어난 곳이어선지 늘 마음에 맴돈다. 고향 마을에 가 어르신들을 뵐 때마다 어머니와 함께 지냈던 일들이 주마등처럼 떠오른다. 어릴 적에 형과 함께 멱 감던 개울 큰 보 뜰, 책 보따리 두른 채 더워서 친구들과 뛰어들었던 그곳, 친구들과 함께 뻔을 따먹기 위해 기어오르던 커다란 신작로 벚나무들, 기억 속에 남아 있는 일들이 문득문득 떠오른다.

예전에는 자갈을 깔아 걷기 힘든 길을 따라 밭에 가곤 했는데 지금은 포장되어 한결 쉽게 갈 수가 있다. 둑 따라 소로를 걸어 부모님 산소에 갔다. 산소에 당도하니 마음이 울컥했다. 생전에 잘한 일은 없고 불효한 일만 떠올랐다. 심어놓은 측백나무는 푸름이 가득하다. 부모님 산소를 지키는 나무가 있어 든든하다. 한참을 앉아 있으니 멀리 꿩 우는 소리가 들렸다. 겹겹이 펼쳐진 산 위로 흰 구름이 흐르고 시원한 바람이 답답한 마음을 다독여 주었다.

이제 이순을 넘어 중반을 달리고 있다. 건강 상태에 따라 마음도 몸의 지배를 받는다. 아직도 코로나19 소식에 화들짝 놀라기도 한다. 건강이 화두다. 오월이 되니 온 산과 들에는 꽃들 잔치다. 창문을 열면 눈이 호사로움에 어쩔 줄을 모른다. 화단에 핀 장미꽃 여섯 송이가 터져 하늘을 향해 벙글거린다. 상추 한 봉지를 텃밭에서 뜯어 와 저녁 식탁에 올렸다. 오월엔 가정의 달로 각종 행사가 많은 달이어서 그런지 어머니가 더욱 그립다.

인고忍苦의 세월

큰형은 고향에서 정미소를 운영했다. 정미소에는 많은 사람들이 항상 북적거렸다. 일거리가 많아 사람들이 일하러 몰려왔고 모든 것이 풍부하고 인심도 후했다. 배고픈 시절이라 고봉으로 주는 밥에서 따뜻한 인심을 느꼈을 것이리라. 큰형수는 야무진 성격에 마을 사람들과 잘 어울리며 붙임성 좋고 가정도 잘 꾸려나갔다. 정미소를 찾는 사람들에게도 항상 친절하고 겸손했다.

고향 은천마을에는 정미소가 두 개나 있었다. 인근 마령면에서 이사 와 운영하는 ㄱ 아저씨 정미소가 있고, 100미터쯤 떨어진 도로 옆에 큰형의 정미소가 있었다. 표면으로 드러나지는 않았지만 경쟁이 심했다. 서로 경쟁을 하다 보니 마음 상할 때도 한두 번이 아니었을 것이다.

3년 동안이나 그런 생활을 지속하다가 ㄱ 정미소에서 정미소를 접겠다고 했다. 형에게 사람을 넣어 인수 제의가 들어와 어렵사리 인수하였다. 정미소는 그 시절 벼, 보리, 수수를 도정하고, 떡가루를 빻고 찌고, 고춧가루를 만들고, 기름 짜는 일로 온종일 바빴다. 보리나 벼 수확 시기에는 눈코 뜰 새가 없었다. 경운기에 탈곡기를 싣고 나가 논에서 탈곡을 도왔다.

온몸에 먼지를 뒤집어쓰며 일하는 것이 일상이었다. 탈곡이 끝난 뒤에는 수확한 벼나 보리를 집까지 운반해 줘야 일이 마무리되었다. 경운기가 막 보급되던 당시에는 경운기가 농가의 큰 재산이었고 논과 밭을 종횡무진 돌아다녔다. 나는 그 시절 학교를 마치고 나면 형의 정미소에 가서 일을 도왔다. 정미소의 자질구레한 일을 돕는 게 꽤 재미있었다.

큰형은 정미소를 운영하기 전에는 진안 읍내 시장에서 직공을 둘이나 두고 공업사를 운영했다. 주로 발동기를 고쳤고 농기계를 팔면서 수리도 했다. 형은 주민들이 농기계 수리 요청 시는 부품 가게나 폐차장을 활용하여 저렴한 비용으로 수리해주곤 했다. 어려운 시절 겸손하고 성실한 형은 마을 사람들로부터 칭찬을 많이 받았다. 그런 형의 모습은 나에게 삶의 모델이 되었고, 형으로부터 많은 삶의 지혜를 배우기도 했다.

형이 떠난 후 고향에 가는 길이 뜸해졌다. 먼지를 내뿜으며 시끄럽게 돌아가던 정미소의 기계 소리가 멎었듯이 마을에도 많은 변화가 있었다. 내 유년 시절에 시집온 분들이 대부분 할머니가 되셨다. 몇 분은 요양원에 입소하였다는 소식이다. 친구 어머니도 하늘나라에 가셨다. 정미소가 있던 자리엔 풀만 우거졌다. 곁에 있어야 할 큰형이 없으니 쓸쓸했다. 구석구석을 돌아보다 보니 형이 경운기 가득 벼를 싣고 상기된 얼굴로 돌아올 것만 같다.

형수에게 치매가 왔다는 소식이 들렸다. 세월 이기는 장사는 없다. 형수 자녀들이 협의하여 반월요양원에 모셨다는 전갈이다. 어느 날, 대전과 전주에 사는 조카들과 함께 반월요양원을 방문했다. 예전의 팔팔했던 형수 모습은 온데간데없고 힘없이 누운 모습을 보니 왈칵 눈물이 쏟아졌다.

형수님은 내가 누구인지 아는지 모르는지 뵐 때마다 손을 잡고 눈가에 눈물만 흘리셨다. 형수를 만나고 나오는 날, '아족불행我足不行, 아수불식我手不食, 아구불언我口不言, 아이불청我耳不聽, 아목불시我目不視, 내 발로 걷지 못하고, 내 손으로 먹지 못하며, 내 입으로 말을 못 하고, 내 귀로 듣지 못하며, 내 눈으로 보지 못하면, 살아도 사는 게 아니다.'라는 말이 떠올랐다.

그런 얼마 뒤 형수는 영면하셨다. '오늘이 네 인생의 마지막 날이라 여기고 살아라.' 로마의 위대한 철학자 마르쿠스 아우렐리우스의 그 말이 내 가슴을 파고든다. 돌아보니 인고의 세월 동안 치열한 삶을 사셨다는 생각이 든다. 오늘따라 형수가 몹시도 그립다.

노들강변

KBS 프로그램 「일꾼의 탄생」을 보았다. 가수 진성이 팀장이 되어 어려운 환경에 처한 분들을 도와주는 프로다. 84세 배옥희 할머니 밭의 고추를 따주고 큰아들 산소 벌초까지 했다. 사연은 아들이 20년 전 교통사고를 당해 저세상으로 갔고 그 후 남편도 사망하여 홀로 지낸다. 벌초를 마친 뒤 할머니는 주저앉아 눈물을 흘렸다. 아들이 묻힌 묘지를 보면서 눈물로 세월을 보냈단다. 그 모습을 보니 돌아가신 어머니가 떠올라 보는 내내 눈물이 났다.

30여 년 전 작은형님이 교통사고로 세상을 떠났다. 처음엔 어머니에게 알리지 않았다. 6개월 정도 시간이 흘렀을 때, 어머니는 눈치로 알아차린 것 같았다. 어머니는 한동안 말씀을 하지 않았다. 그저 먼 산만 바라보다가 자리에 눕곤 하였다. 그런데 언제부턴가 혼자 흥얼거렸다. 무슨 노래인지는 몰라도 흐느끼는 것 같기도 하고, 훌쩍이는 것 같기도 했다. 고향 은천마을에서 마을 주민들이 함께 부르던 가락 같았다. 「노들강변」이란 민요다. 세상의 한을 물에 띄워 보내는 절절한 심정을 읊은 내용이다.

노들강변 봄버들 휘휘 늘어진 가지에다가
무정세월 한 허리를 칭칭 동여매어나 볼까
에헤요 봄버들도 못 믿을 이로다. 푸르른
저기 저 물만 흘러 흘러서 가노라.(…)

무정세월 한 허리 칭칭 동여매려는 듯 가물가물 곡조를 타는 것을 엿들었다. 어머니가 노래 부르는 모습을 본 기억이 거의 없다. 그러나 물 흐르듯 자연스럽게 곡을 흥얼거리는 것을 보니 꽤 자주 부르신 듯한 솜씨다. 인생 무상하고 외로움을 느낄 때마다 노래를 부르며 평정심을 찾았으리라는 생각이 들었다. 세월은 아픈 속내와 무관하게 속절없이 흘러가니 남편도 작은아들도 잃은 슬픔을 삭이면서부터였을 것이다. 등 굽은 소나무 한 그루를 지키는 건 세월의 매정한 바람뿐이었으리라. 어머니를 모시고 살면서도 아들과 며느리는 직장 생활하느라 나가고 없으면 혼자 늘 집을 지켰으니 얼마나 외로웠을까. 지금 생각하니 더욱 불효한 것 같다.

지난 6월 송가인 콘서트가 전주 한국소리문화의전당 야외에서 있었다. 모처럼 큰아들이 예매해 주었다. 당일 비 온다는 일기예보에 마음 졸였다. 이미 예매했으니 물릴 수도 없고 당일 오전에는 비가 조금 내렸다. 다행히 오후에 비가 오지 않아 무사히 송가인 콘서트는 잘 마무리되었다. 타령 노래를 들을 때 참여한 관객들과 환호하며 그 노래가 마음속까지 스며들었다. 어머니가 생각났다. 어머니가 불렀던 유일한 노래가 생각나 내 마음을 흔들었다. 어머니가 살아계시면 이곳에 함께 모시고 왔을 텐데….

아무리 나이를 먹어도 어머니에 대한 그리움은 늙지 않는다. 가난에 허덕이며 늦둥이 자식을 낳고 자식을 위해 헌신만 하셨던 내 어머니다. 늦가을 어느 날 어머니와 이별한 뒤 벌써 10년의 세월이 흘렀다. 해마다 사계절은 뚜렷하여 봄에는 나뭇가지에 새움이 돋아나고 꽃이 피며 가을이면 나뭇잎이 단풍으로 물든다.

중추절에는 늘 생각나는 부모님. 벼와 곡물들이 왜 고개를 떨구는지 알 것 같다. 자신의 뿌리를 생각하기 위해 고개 숙여 스스로 고부라졌기 때문이다. 그래서 가을은 인생을 깊이 성찰케 하는 계절인가 보다. 「노들강변」 노래를 부르며 세상의 모든 한을 내려놓고 생활하셨던 어머니. 벽에 걸린 영정사진에서 어머니가 빙그레 웃는다. 삶은 소풍이라 했던가. 하루하루가 생경하다.

매일 맞는 아침이지만 오늘은 더 푸른 새 아침을 맞는다. 가을하늘은 더 높아가고 푸르기만 하다. 몸에 부딪히는 소슬바람이 노들강변을 돌고 내 몸으로 파고든다.

제 3 부

마취제 들어갑니다

완강기와 자신감

소방차가 '삐용삐용' 경적을 울리며 급하게 달린다. 역전 쪽으로 가는 것을 보니 우리 집과는 상관없겠지만, 그래도 마음이 조급하고 무겁다. 큰불이 아니었으면, 큰 사고나 인명피해가 없었으면 했다. 언젠가 TV에서 완강기 사용법이 언급되었다. 아파트 화재 현장에서 밧줄을 타고 내려오는 것을 보았다.

급박한 순간 도구를 이용하여 용감하게 위험에서 벗어나는 한 아파트 주민이 회자되었다. 나중에 알아보니 아파트마다 완강기가 기본적으로 설치되어 있는데 그것을 이용했다는 것이다. 완강기는 고층 건물에서 불이 났을 때 몸에 밧줄을 매고 높은 층에서 땅으로 천천히 내려올 수 있게 만든 비상용 기구다. 완강기를 지지대에 걸어서 사용자의 몸무게에 의하여 자동으로 하강하는 기구란 것을 어렴풋이 알았으나, 그동안 관심이 없었다. 완강기 사용법을 익히기에 좋은 기회가 될 것 같아 실습을 신청했다.

연금관리공단에서 추진하는 1일 완강기 실습 날짜가 도래했다. 간소복 차림으로 완산소방서에 서둘러 갔다. 입구에서 발열 체크하고 2층 교육장에 들어서니 이미 몇몇 희망자가 도착해 있었다. 교육장 내 안내방송이 자주 들렸다. "출동대기" 시시각각으로 들려오는 소리에 머리가 쭈뼛해진다. 초를 다투는 일이다. 시민의 생명과 재산을 지키기 위해 출동, 위치는 어디? 아침부터 불안불안하다. 그야말로 군대 용어로 5분 대기조가 연상되었다.

주임 강사 주관으로 완강기 이용 방법을 현장에서 교육했다. 노유자 시설, 의료시설은 구조대를 반드시 설치해야 한다. 다중이용업소는 2층~4층까지, 아파트는 3층~10층 이상 고층 아파트에 10층까지는 피난기구인 완강기가 설치되어 있다는 사실을 알았다. 11층부터는 제외란다. 풍향의 영향도 있고 별도 대피시설 공간이 확보되어서다.

또한 층에 따라 완강기 위치도 다르다. 홀수 층은 왼쪽에, 짝수 층은 오른쪽에 설치되었다. 완강기는 지지대, 후크, 속도 조절기-조속기라고도 하며 자동으로 내려가는 자동 속도 조절 장치를 의미함-, 로프릴, 가슴 벨트 5가지로 구성되어 있다. 이 구성품들은 완강기 함에 보관하고 비상시 문제없이 사용할 수 있도록 비치된 기본사항이다. 건물 내부에 불이 났을 때 계단을 통해 미처 밖으로 나오지 못했을 경우 그다음 대책으로 유용한 것이 완강기이다.

3층 실습장으로 옮겨갔다. 내 순서가 되어 지지대에 후크를 걸고 가슴에 벨트를 매고 창문 밖을 내다보았다. 처음에는 아찔했다. 지상 10m 높이에서 가장 무서움을 느낀다고 한다. 사실이었다. 소방서 강사가 먼저 시범을 보였다. 자신감은 나름 있었지만, 막상 뒤로 돌아 뛰어내리려 하니 발이 부들부들 떨렸다. 로프 릴을 밖으로 던지고 주의할 점은 반드시 다리부터 나가야 한단다. 땅에는 매트가 펴져 있었다. 밧줄을 잡았지만 그래도 이리저리 흔들렸다.

강사가 방법을 꼼꼼히 알려줬다. 벽면을 보면서 몸의 움직임을 최소화하여 내려오도록 한다. 양발로 벽을 찍고 서서히 내려갔다. 두 번 해보니 나름 자신감이 생겼다. 평소 실습으로 위급을 다툴 때 귀중한 생명과 가족을 구할 수 있다는 말을 들으니 의욕이 넘쳤다.

돌이켜보면 국가재난은 100년 만에 한 번씩은 있어 왔다. 끊임없이 시행착오가 되지 않도록 정기적으로 연습해야만 한다. 앞으로도 재난이 없어야 하겠지만 그래도 배우는 것이 최상이지 싶다. 그 뒤 연계하여 선유도에서 나름의 실습을 했다.

오전에는 군산 근대문학관을 경유 오후에는 신선들이 즐기던 곳 선유도를 친구들과 함께했다. 무인도와 신시도를 지나 선유도해수욕장으로 갔다. 여름이면 수많은 사람이 오는 명소로 명사십리 해변이 있다. 주변에는 장자도와 대장봉이 보인다. 특히, 선유도해수욕장 명사십리 해변 위에 우뚝 솟은 탑은 높이가 45m로 선유 sun 라인 체험 시설이다. 일행 중 타보자는 친구들이 있는가 하면 안 탄다는 사람이 훨씬 많았다. 나는 완강기의 실습 경험이니 바닷바람을 맞으며 내려가는 스릴감도 느껴볼 수 있다는 생각과 경험이 중요하다는 판단에 기꺼이 신청했다.

15명 중 4명만 신청했다. 막상 계단을 타고 꼭대기까지 걸어 올라가니 밑에서 느끼는 감정과 위에서 느끼는 생각은 많이 달랐다. 소방서에서 완강기 실습의 중요성을 강조한 강사의 얼굴이 떠올랐다. "이론도 중요하지만, 재난 실제 상황에 대비 실습이 중요하다."라는 말이. 그 실습이 마음을 키웠다.

밧줄에다 벨트를 연결하고 안전모를 쓰고 내려다보는 45m 아래, 정말 아래가 감감하다. 바다만 보였다. 안전지킴이의 말, "자신 있습니까?" 하고 묻는다. 대답을 크게 하란다. "네". "애인 있습니까?" 애인에게 한마디 하라고 했다 "000 사랑한다." 그 순간 허공으로 몸을 날렸다. 해변 끝 망주봉 멀리 보인다. 잔잔한 바다 위를 미끄러져 갔다. 바다 위를 외줄에 몸을 싣고 시원하게 내려오는 짜릿한 쾌감, 길이는 200m쯤 되었다. 착지하고 나오려는데 줄에 매달려 오는 사진 2매를 찍었다며 건네주었다.

강사가 덤이라며, 소화기 활용 방법, 심폐소생술 요령, 소방차 길 터주기, 주정차 제대로 하기는 생활의 기본이라며 언급한 사항이 떠올랐다. 소방서에서 완강기 실습하기를 백 번 잘했다는 생각이 들었다. 실습장에서도, 선유 sun 라인 체험 시설에서도 자신감과 자존감을 키웠다.

돌아와 살고 있는 아파트를 세세히 둘러보며 벽에 설치된 완강기를 보니 뿌듯했다. 완강기가 '나를 이용해주세요.' 하는 것 같다. 안전 불감증도 없어지고 자신감이 충만해졌다.

나의 버킷리스트

지인의 아버지 부음 소식을 듣고 조문을 다녀왔다. 아버지를 잃은 슬픔에 잠길 새도 없이 상주들은 문상객 맞이와 접대로 분주했다. 영정 사진을 보며 상주들을 위로하였지만 결코 남의 일 같지 않았다. 나도 언젠가는 영정 사진 속에서 밝게 웃으며 문상객의 조문을 받을 수도 있겠다는 생각으로 마음이 무거워졌다. 그런 날이 오기 전에 꼭 하고 싶은 것을 해야 할 것 같은 생각이 들었다.

오래전 전남 신안 엘도라도 워크숍에 참여한 적이 있다. 죽음 체험의 여러 과정 중에서 입관 체험이 아직도 강하게 남아 있다. 나무로 만든 관에 들어가 누우면 관의 뚜껑이 닫힌다. 그 속에서 10

분간 죽음을 체험하는데 만감이 오갔다. 가장 후회스러운 순간, 가장 기뻤던 순간들이 파노라마처럼 스쳐 지나갔다. 이대로 죽는다면 너무 억울할 것 같은 생각이 들었다.

평생 직장생활을 하면서 주어진 일에 최선을 다하며 살았다고 자부하지만, 돌아보면 특별할 게 없는 게 내 행적인 성싶다. 지나온 세월을 돌이켜보면 그동안 무엇을 하며 살았는지 후회된다. 죽음은 나와는 관계없는 일일 것만 같았다. 이제 남은 인생이라도 잘 보내고 싶은 마음뿐이다.

이어령은『이어령의 마지막 수업』에서 "내 집도 내 자녀도 내 책도 내 지성도…. 분명히 내 것인 줄 알았는데 선물이었어, 내가 벌어서 내 돈으로 산 것이 아니었어. 우주에서 선물로 받은 이 생명처럼, 내가 내 힘으로 이뤘다고 생각한 게 다 선물이더라고."라고 했다. 인생은 시간에 매어 있다는 것이다. 내 의지로 세상에 나오지 않았다고 한다. 시간의 흐름 속에 태어나고 죽는다. 다만 일찍 태어나고 늦게 태어날 뿐이라고 했다.

임춘식 한남대 교수는 "태어나는 것은 자신이 선택할 수 없지만 죽음에 대해서는 자신의 책임이기 때문에 장례를 두려워하거나 피할 것이 아니라 삶의 과정으로 인식했으면 한다. 내가 태어났을 때 나 혼자 울고 주위 사람들 모두는 웃었고, 내가 죽을 때는 나 혼자 웃고 주위 사람들은 모두가 우는 삶을 살고자 노력한 자에게는 죽음은 승리이자 죽음으로부터의 진정한 해방이다."라고 했다.

살아 있는 동안 반드시 하고 싶은 항목을 적어 실행하는 버킷리스트가 한때 유행했다. 그것을 꼭 적어야 하는가에 대해 회의적이었지만, 이제 나도 죽음에 대해 진지하게 생각해야 할 때가 온 것인가.

어느 날 잠자리에 들었는데 도저히 잠이 오지 않았다. 이 생각 저 생각으로 뒤척이다가 죽기 전에 꼭 하고 싶은 것을 생각해보았다. 통계에 잡힌 건강수명이 남자는 72.6년, 여자는 72.5년이라고 한다. 평균수명보다 10년 이상 짧은 시간이다. 실제로 건강한 삶을 영위할 때까지의 기간일 것이다. 건강수명으로 치면 내 삶도 채 십 년이 남지 않았다. 죽기 전에 꼭 하고 싶은 것을 생각해 보았다. 욕심이 많아서인지 하고 싶은 것, 이루어야 할 것들이 너무 많지만, 다섯 가지만 간추려 보았다.

첫째, 아들 둘 내외와 함께 살 수 있는 집을 짓고 싶다. 주거공간만 함께하고 각자의 가정생활을 하다가 가끔 함께 식사하는 생활을 꿈꾼다. 둘째, 조금은 허황될 수도 있지만, 수필집 10권, 시집 5권, 단편소설집 5권을 출간하고 싶다. 서예도 국선에 입선하고 싶다. 셋째, 나를 존재하게 한 고향을 위해 무언가 의미 있는 일을 하고 싶다. 내 고향 어르신들 단체 여행을 보내드리고 싶다. 넷째, 아내와 함께 인도, 아프리카, 유럽 여행을 하고 싶다. 다섯째, 살아서 나의 장례를 치르고 싶다. 수많은 감사했던 분들을 초대하여 마지막 인사를 나누며 식사를 대접하는 일이다.

죽음은 나와는 거리가 먼 것이라 생각했는데 버킷리스트를 작성하고 보니 마음이 경건해진다. 나의 버킷리스트를 이루기 위해서 차근차근 준비해야겠다. 천상병 시인의 말처럼 소풍 끝나는 날까지 친구이자 영원한 동반자인 아내와 후회 없는 삶을 사는 것이 기본이리라.

누구라도 이 길을 걸어가겠지

덕진 테니스코트에서 같이 운동하는 회원의 장모상에 갔다. 다른 장례식장에 비해 상주나 가족들의 슬픔이 덜한 것 같은 분위기가 의아했다. 알아보니 호상이란다. 요양원에서 1년 동안 계시다 돌아가셨단다. 그런데 유독 셋째 딸이 슬퍼했다. 10년 넘게 모시고 살다가 그곳으로 모셨다고 한다.

출가외인이 십 년을 모시고 살았으면 얼마나 많은 우여곡절이 있었겠는가. 말로 다하지 못할 사연을 눈물로 대신했을 것이다. 돌아와 잠자리에 누우니 장모님이 떠올랐다. 이번 주말에는 장모님을 뵈러 가야겠다.

처가 가는 길은 자연도 한몫 거들었다. 선선한 바람과 티 없이 맑은 가을하늘이 앞장섰다. 차창 밖으로 밀려가는 농촌의 들녘은 황금빛으로 물들고 풍성함이 묻어났다. 고속도로 나들목을 빠져나와 지방도로를 한참 가다 보니 처가가 근거리다. 신호등에 멈춰 기다리는 동안 지나간 시절이 떠올랐다.

비포장도로에다 움푹움푹 패이고 돌들이 나뒹굴어 시골길은 다니기가 지극히 어려웠다. 지금은 잘 포장되었다. 세월이 많이 흐른 지금, 한 해 한 해 달라지는 장모님 건강이 염려된다. 큰사위로서 자주 찾아뵈어야 하는데 그렇지 못해 늘 죄송할 뿐이다.

15년 전, 장인어른은 공직에 계시다 명퇴하였다. 그 뒤에는 농협 이사로 봉사하며 지냈다. 평소에 술을 즐기시더니 결국 간암 판정을 받고 항암 치료를 받았다. 횟수를 거듭할수록 머리도 빠지고 고통을 감당하느라 고생이 말이 아니었다. 치료가 잘되어 4년 정도 잘 지내시다 영면하였다.

장인어른은 살아생전 3남 4녀의 자식을 위해 헌신하였다. 어려웠던 그 시절 자녀 교육에 심혈을 기울였다. 그 덕에 모두 다복한 가정을 이뤄 제 몫을 잘하며 살고 있다. 장모님은 내년이면 졸수卒壽다. 당신이 신혼 적 살았던 초가지붕처럼 허리가 많이 굽었다.

유모차를 끌고 경로당에 가곤 한다. 장모님과 첫 대면할 때 시골에 사시는 분 치고 이목구비가 뚜렷하고 키도 크고 예뻤다. 아내는 그런 장모님을 빼닮았다, 장모님이 건너온 고난의 흔적을 곱던 얼굴에 생긴 잔주름이 말해주고 있다.

신혼 초 어느 날, 장모님을 뵈러 가겠다고 전화했더니 귤 한 박스를 구해 오라셨다. 두 박스를 샀다. 한 박스는 장모님이 다니는 경로당에 가져가서 어른들을 뵙고 왔다. 절기 때마다 그렇게 해야 한다고 장모님이 귀띔해주었다. 마을 분들은 "하 서방 왔어?"하며 반갑게 맞아주곤 했다. 나는 어느새 동네 사위가 되었다. 싫지 않았다.

몇 년 전 제주도에서 '제2의 인생 설계'라는 주제의 1주일 연수가 있었다. 현장 견학도 함께했다. 그곳에서 귤 2박스를 구매하여 장모님께 보냈다. 연수 후 집에 돌아오니 아내가 말없이 내 손을 꼭 잡았다. 얼마 뒤 화단을 정리하고 있는데 택배가 왔다. 열어보니 고들빼기, 파김치, 고수 등이 가득 담겨 있었다. 당신의 끼니 해결하기도 힘들 텐데 사위가 좋아한다고 보내신 것이다. 가슴이 뜨거워지면서 눈물이 핑 돌았다.

장모님은 시골에서 혼자 지내신다. 아들들이 모시려 해도 내키지 않으신 듯 선뜻 나서지 못하신다. 아들 집에 며칠 있으면 좀이 쑤신다며 돌아오곤 했다. 시골이 좋다고 한다. 그래서 큰딸인 아내도 걱정만 할 뿐이다. 자식들이 보기에 불편해 보일지 몰라도 그래도 살던 집이 좋다며 집 앞에 있는 텃밭을 가꾸었다. 고추, 가지, 상추, 옥수수, 깨도 심고, 가을에는 무, 배추 도 재배한다. 주일에는 교회에 빠지지 않고 나가신다.

지난해 6월 밤, 장모님이 갑자기 배가 아파서 구급차에 실려 병원에 갔었다. 다행히 치료가 잘되어 이튿날 퇴원했다. 무엇을 드셨는지 급체했던 것 같다. 자식들 잘 성장하여 반듯하게 가정을 꾸리고 살지만, 자나 깨나 자식들 걱정으로 마음이 편치 않으셨던 모양이다.

오늘은 장모님 모시고 칠연계곡에 갔다. 길가의 코스모스가 방긋방긋 웃으며 반겼다. 이곳에도 가을이 왔다. 주차장에 차를 주차하고 걸어서 올라가니 바위 사이로 흐르는 물과 울창한 숲속 푸른 소나무들이 어느새 곁을 내주었다. 모처럼 장모님과 데이트하는 동안 싱그러운 바람과 햇살이 함께했다.

내당마을은 장모님 삶터다. 그곳은 포근하고 아늑한 곳이다. 나의 부모님도 오래 함께 사셨지만 모두 돌아가셨다. 오직 한 분 남은 부모인 장모님을 지금부터라도 후회하지 않도록 수시로 찾아뵈리라.

회원 장모님 장례식장에서 다짐했던 생각이 떠오른다. '누구라도 이 길을 걸어가겠지. 언젠가는 가족을 보내야 할 때가 올 것이고, 그때 후회하지 않고 가벼운 마음으로 잘 보내드릴 수 있도록 최선을 다해야겠다.'

병실은 우리를 슬프게 한다

삶은 희로애락으로 엮어진다. 기쁨과 노여움과 슬픔과 즐거움이 번갈아 일어난다. 기쁨과 즐거운 일만 있으면 얼마나 좋을까. 그러나 슬픔이 있기에 기쁨이 더 빛을 발할 수도 있겠다.

'우리를 슬프게 하는 것들'이라면 안톤 슈낙Anton Schnack(1982~1973)이 생각난다. 그의 서정성 깊은 수필이 생각나기 때문이다. 울고 있는 아이들의 모습은 우리를 슬프게 한다. 몇 주일째 수술 후 병실에 누워 있는 신세가 되어 있을 때, 가을걷이가 끝난 텅 빈 논밭. 지붕 위로 내리는 빗소리. 젊은 시절 청춘을 노래하며 지내다 보니 어느덧 고희가 눈앞이다. 이제는 노인이라는 대명사가 따라붙어서 나를 서글프게 한다.

배고파 우는 아이도 우리를 슬프게 한다. 동물원에 갇힌 사슴이 어느 날 밤 누군가에 의해서 뿔이 잘려 죽어 있는 사진, 통행금지를 알리는 사이렌 소리, 아이들의 등록금을 마련하지 못한 아버지의 야윈 볼 그리고 그날이 휴가 마지막 날일 때 등 시대가 결국 우리의 마음을 슬프게 한다. '우리를 슬프게 하는 것들'이라면 최인훈(1936~2018)도 생각이 난다.

어릴 적 소를 몰아 밭갈이할 때 아버지는 소에 입마개(멍울)를 씌웠다. 잠시 쉴 때는 입마개를 벗겨 밭가의 풀들을 뜯어 먹게 하곤 했다. 그런데 자연환경의 느닷없는 재난인 코로나19 때문에 우리가 입마개를 쓰고 다녀야 하는 서글픈 현실이 되었다. 코로나19로 인해 친구의 어머니도 저세상으로 떠나갔다. 당연히 찾아가 고인의 명복도 빌어드리고 친구는 물론 유족들도 위로를 해드려야 했지만, 갈 수 없는 현실이 안타깝다. 오늘도 사람들과 '거리 두기'를 하여야 했던 현실이 나를 슬프게 한다.

중학교 때, 부슬부슬 비가 내리는 날 친구 셋이 집에서 4킬로미터 떨어진 저수지에 낚시하러 갔었다. 집 두엄장 주변에서 지렁이를 잡고 만반의 준비를 하였지만, 부모님께는 말하지 않고 가버렸다. 밤을 새우며 둑에 앉아 친구들과 낚시를 즐겼다. 새벽녘 저수지엔 안개가 피어오르고 호수의 윤슬이 아름다웠다. 다음을 약속하고 친구들과 헤어져 집으로 돌아왔다. 어머니께서는 죽으려고 저수지에 갔냐면서 부지깽이를 들고 나오셨다. 무조건 도망을 쳤다. 행여라도 늦둥이 자식을 잃을까 두려운 마음을 가진 어머니. 그 뒤로는 절대로 낚시를 하지 않았다. 이 또한 나를 슬프게 했다.

학교 다니며 했던 그릇된 행동들이 가끔씩 떠오른다. 부족한 학교 성적, 사춘기 때 일어난 복잡한 연애사건, 거짓말, 학교에 걸어 다니기 싫어서 자전거 사달라고 벽에 써놓고 졸랐던 일 등 수도 없다. 그 숱한 나의 잘못들은 내 기억에서 사라지고 없는데 아! 그 시절 어머니는 나로 인해 얼마나 가슴을 태우셨을까? 아버지는 두루마기를 입으시고 등록금을 가지고 중학교에 왔다. 공부 잘하고 있나 창문 사이로 나를 들여다보고 있었다. 늦둥이를 둔 아버지의 마음을 이해했을까?

환자복을 입은 내 모습을 보니 초라해 보였다. 수술실에 도착하니 보호자 왔냐고 물었다. 고개를 좌우로 저었다. 그리곤 수술실로 바로 들어갔다. 수술실 분위기에 나는 압도당했다. 그때 한 분이 내게 다가와 수술은 간단하게 잘될 것이니 염려 말라며 격려했다.

조금 있으려니 "마취제 들어갑니다."라는 소리가 아련히 들렸다. 그리곤 잠자듯 의식을 잃었다 그 뒤 시간을 가늠할 수도 없는 사이 나는 깨어났다. "수술 잘 끝나서 입원실로 가실 겁니다."라고 내 담당이 말했다. 이어 수술 결과가 아주 좋다는 의사의 말에 더 안심되었다. 허리 수술하고 입원실에 있는 내 모습이 나를 슬프게 했다.

이렇듯 마음이 심란할 때는 고향을 찾아간다. 내가 살던 집이 헐리고 지금은 대지만 남아서 주변 가정의 주차장으로 쓰이고 있다.

우리 집은 남향으로 함석집 본채에 행랑채, 별채에는 창고와 변소가 있었다. 집 뒤란엔 큰 감나무 한 그루와 가죽나무가 있었다. 가을에는 붉은 홍시를 안겨주었고, 해마다 넙적감을 두 광주리 정도나 땄다.

작두샘 옆에는 봉숭아와 채송화가 한껏 자라곤 했다. 그 옆에는 크고 작은 장독들이 많이 있었는데, 어머니의 손때가 배어 있었다. 대문 옆에는 사철나무가 담장을 타고 잘 자라 집 안의 풍경도 멋스러웠다.

온 가족이 함께 생활하며 내가 자랐던 집은 사라졌고, 부모도 모두 저세상으로 떠나버렸다. 허허롭게 집터만 남아 있다. 사라진 옛집의 기억이 떠올라 한참 우두거니 서서 눈시울만 붉혔다. 돌아 나오는데 안방에서 아버지와 어머니가 환하게 웃는 모습이 아련히 떠올라 나를 또한 슬프게 하였다.

마취제 들어갑니다

의자에 겨우 앉아, 불편한 몸을 보이며 전문의에게 호소했다.

"척추가 일부분 튀어나오고 협착으로 3번 4번이 혈관을 누르고 있습니다."라고 척추신경외과장이 화면에 뜬 MRI 사진을 보면서 말했다. 허리가 불편하여 병원을 찾았지만, 수술할 정도일 줄은 정말 몰랐다. 하루아침에 중환자가 되어버렸다. 입원실에 누워서 천장만 보다가 가끔 복도를 걷는 것이 일과였다.

멀쩡하던 사람이 항생제를 달고 폴대를 밀며 부자유스럽게 움직이고 있다. 병원에 입원한 지인들 문병을 다니곤 했었는데 이젠 내가 위문을 받는 신세가 될 줄이야. 병원 생활은 시간이 갈수록 적응

되는 게 아니라, 불편하고 입맛이 더 없어졌다. 답답해서 창가에 기대어 있으면 종종걸음으로 오가는 사람들이 그렇게 부러울 수가 없다. 나를 제외한 모두가 행복한 것처럼 보였다.

어느 날 걸을 때마다 허리 밑 엉치뼈 아래로 피가 쏟아지는 것처럼 아팠다. 7, 80m쯤 가면 쉬고 싶고, 자리에 앉고만 싶었다. 왼쪽 발끝에 힘이 없고 그래서 자꾸 절룩거렸다. 주변 사람들은 수술은 최악의 경우에 하라고 권했었다.

그 말을 믿고 나름으로 열심히 걷고 철봉에 매달리고, 거꾸리 운동도 지극정성으로 했다. 어쨌든 수술만은 피하고 싶었다. 통증이 심할 때는 통증클리닉에서 주사를 맞으며 견디었다. 좋아하는 테니스를 못 하게 될까 봐 염려하던 중, 전주 덕진 썬테니스 동호인과 새벽에 테니스를 한 게임 하고 벤치에 앉아 이야기할 기회가 있었다.

허리 때문에 고통스러워하는 나를 보고 자신의 경험담을 말해 주었다. 자신도 허리 수술에 대한 불안감 때문에 전문의를 찾는 일을 미루었는데 수술해서 완치되었다며 당장 관련 전문의를 찾아가라고 했다.

며칠 고민을 한 후 아내와 인근 종합병원을 찾았다. 담당과장은 CT를 찍어보자고 했다. CT를 확인한 후 2주간의 약 처방을 해주었다. 시간을 잘 지켜 정성으로 약을 2주 복용한 후 병원을 찾아 다시 CT를 찍었으나 크게 진전이 없어 보인다고 했다. 그리고 정확한 증상을 알기 위해 MRI를 찍어야 한다고 하였다.

입원한 다음 날 새벽 4시경 MRI를 찍었다. 오전 10시경 관련 의사와 면담하였는데, 의사는 MRI 촬영 결과를 보며 증상과 정확한 위치를 알려주었다. 담당과장은 아주 간단한 수술이라고 했다. 예전에는 수술 부위를 째고 수술했지만, 지금은 의술이 발달하여 관련 부위에 구멍을 뚫고 내시경으로 수술한단다.

부분적인 설명에 나도 아내도 쾌히 승낙을 하였다. 수술확인서에 날인을 하고 수술 관련 주의점 등 자세한 설명을 들었다. 수술을 위한 각종 검사를 이틀에 걸쳐 마친 뒤 수술 시간이 정해졌다. 몸을 지탱하는 척추 3번 4번 요추라고도 하는 그 위치였다. 대형병원 수술실은 난생처음 가보는 곳이라 그 분위기에 압도당했다.

전날 수술 부위에 대한 사전 설명이 있었지만, 마음이 두근거렸다. 천장에 보이는 여러 개의 불빛이 과연 어디로 인도할 것인가. 환한 빛들이 희망을 줄 것이라는 생각을 하였다. 수술실은 기온이 낮아 전신에 소름이 돋았다. 주위에서 들려오는 의료진의 분주한 소리가 나를 더욱 조마조마하게 만들었다.

그때 한 분이 내게 다가와 수술은 간단하니 잘될 것이라며 안심을 시켜주었다. 조금 있으니 "마취제 들어갑니다."라는 소리가 아련히 들렸다. 그리곤 잠자듯 의식을 잃었다.

그 뒤 시간을 가늠할 수도 없는 사이 깨어났다. "수술 잘 끝나서 입원실로 갈 것입니다." 관리자가 말해 주었다. 눈을 뜬 후 손가락과 발가락을 가만히 움직여 보았다. 수술 결과가 아주 좋다는 의사의 말에 긴장하며 참았던 숨이 시원하게 쉬어졌다.

의술이 좋아져 수술한 다음 날부터 걸었다. 간호사는 매일 수술 부위를 청결하게 소독해주었다. 수술 부위가 궁금하여 사진에 담아 보기도 했다. 불과 몇 시간 사이에 완전히 딴사람이 된 듯했다. 마음가짐이 달라졌다. 세상이 다르게 보였다.

마취에서 깨어나지 못했으면 나는 지금 이 세상 사람이 아닌 것이다. 간단하든 복잡하든 마취는 무서운 것이다. 정신이 온전히 돌아와서 이 푸른 세상을 볼 수 있게 눈을 떴다는 사실이 신기하게만 느껴졌다.

수술 후 2주일 만에 퇴원을 하였다. 그 뒤 담당 척추신경외과장은 2주마다 예약하여 엑스레이를 찍어서 수술 부위를 확인한 뒤, 상태가 아주 좋다며 약 처방을 해주었다. 마지막으로 한 번만 더 2주 후 보자고 했다. 세세한 관리에 고마울 뿐이다.

관리의 팁도 주었다. 첫째, 매일 일정하게 시간을 정하여 평지 걷기를 하라. 둘째, 수영장 물속에서 걸어라. 셋째, 실내 자전거를 타며 근육을 키워라. 넷째, 자세가 중요하니 상체를 반듯하게 하고 팔자걸음을 걷지 말아라. 그 당부의 말을 새기며 생활 수칙으로 정하니 자세가 잡혀가는 것 같았다.

뭐니 뭐니 해도 건강이 최고다. 수술 후 거동이 어려울 때 나의 수족이 되어 머리를 감겨주고, 발도 씻겨주며 병시중하는 아내의 소중함을 다시 한번 느끼는 계기가 되었다. 더없이 고마웠다. 나이 들어갈수록 부부뿐이라더니 아내의 고마움이 정말 각골난망刻骨難忘이다.

아파봐야 아픈 사람의 심정을 안다고 하는 말이 실감이 됐다. 병실에 있는 환자들이 가족 같다는 생각이 들었다. 그들의 고통을 이제야 온전히 가슴으로 이해할 수 있을 것 같다. 모든 환자가 빨리 회복하여 건강하게 세상으로 힘차게 나아가기를 기도한다. 앞으로 더 감사하며 성실하게 살아야겠다.

신호등도 할말 있다

'고맙다. 애마야! 25저 2705, 너는 나의 수족 같은 비서다. 알지!'

운전하기 전 차를 둘러보며 말하곤 한다. 애마는 나의 평생 반려자다. 그는 나의 행적을 누구보다 잘 안다. 애마를 운전하다 사거리 신호등에 멈췄다. 신호등 앞에 멈춰 기다리다 보면 인생에도 수많은 신호등이 있을 성싶다.

과속으로 달려온 삶 속에 가끔은 충분한 휴식을 취하라는 신호다. 좌우를 살피며 이웃도 보고 친구도 둘러보라는 무언의 가르침이다. 은퇴 후 집에 있는 시간이 많다 보니 부딪치는 일도 다반사다. 매사 조급증에 매몰되다 보니 아내와 불화도 일어난다.

운전할 땐 항상 조심하며 신호와 속도를 지키는 것이 기본이다. 그런 줄 알면서도 잘 지켜지지 않는다. 2년 전 아중역 부근에서 예년의 직장 동료들과 모임이 있었다. 늦지 않기 위해 약속 시간 30분 전에 출발했다. 그런데 그날따라 차들이 밀려 마음이 조급했다.

이슬비까지 내렸다. 전주역 앞 좌측 도로에서 오는 차량을 확인하고 가는 순간 앞에 정차된 차를 못 보고 그만 차량 뒷부분을 받아 버렸다. 차를 정차해 둔 상대방에게 항의했지만, 결과는 뒤 차량 잘못이란다. 보험처리로 마무리를 했지만 모임은 참석도 못 하고 마음은 개운하지 않았다.

얼마 전 과태료 고지서가 배달되었다. 확인해보고 눈이 휘둥그레졌다. 어린이 보호 구역에서 과속으로 찍혀 꽤 큰 금액이었다. 자세히 보니 3개월 전에 과속 단속 카메라에 찍힌 것이다. 아내가 고지서를 본 뒤 운전의 기본인 어린이 보호 구역을 과속한 사람은 당신뿐이라며 틈만 나면 내 가슴을 후볐다. TV 뉴스에서도 학교 존 지역에서의 사고 소식을 종종 보도하였다.

민식이법은 2019년 9월 충남 아산의 한 어린이 보호구역에서 건널목을 건너던 9세 김민식 군이 사망한 사고를 계기로 발의가 되었고, 2020년 3월 25일부터 시행되었다. 어린이 보호 구역에서 안전운전 위반으로 만 12세 미만 어린이를 사망하게 하면 무기 또는 3년 이상의 징역에 처하는 게 주요 골자이다. 어린이 보호 구역 앞에는 '어린이 보호 구역이란 노란색 표지에 여기부터 속도를 줄이

시오.'라는 경고 문구와 어린이 보호 그림도 그려져 있다.

민식이법 적용 대상은 어린이 보호 구역 규정속도 위반, 운전자 부주의, 어린이 사망 상해다. 보호 구역에는 과속 단속 카메라가 눈을 부릅뜨고 지켜보고 있다. 어린이 보호 구역의 제한속도는 시속 30km다. 건널목에 진입할 때 신호는 물론 주변을 제대로 살펴 안전하게 운전해야 한다는 내용이다.

과태료를 낸 뒤 애마 운전석 앞에 '운행 중 실천하기'를 노란 메모지에 써 붙였다. '안전거리 확보, 규정속도, 신호 잘 지키기, 음주운전과 졸음운전 금지'. 조심조심 운행하고 있지만 시시때때로 닥쳐오는 현실에 고역을 치르곤 한다. 차량 이용이 편리한 만큼 제약도 많이 따른다. 단체생활의 기본인 '모든 권리는 의무의 이행부터'라는 말이 몇 번이고 옳다고 생각된다.

오늘은 교육이 있는 날이다. 오전 10시부터 진행된다고 이른 아침 문자 메시지가 왔다. 늘 다니던 길이어서 마음이 편안했지만 다른 때보다 일찍 출발했다. 시간이 넉넉하여 마음이 여유로웠다. 차량의 흐름에 따라 빨간불이 켜지면 정지하고 파란불이 켜지면 주위를 살피며 출발하니 그렇게 마음이 편할 수가 없었다. 여유롭게 도착하니 만사가 편안하다. 그동안 예상 시간을 너무 빡빡하게 맞춰 출발하다 보니 꼭 당황하고 급하여 과속할 수밖에 없었던 것을 다시 깨닫는다.

이제 자동차는 내 생활의 필수품이 되었다. 나갈 일이 있으면,

바로 집에 있는 차를 이용하니 참 편리하다. 그러나 항상 위험이 도사리고 있다는 생각에 마음이 섬뜩해지기도 한다. 자동차 사고는 주행 중 과속이나 주위 태만, 판단 실수할 때만 일어나는 게 아니다.

자동차 자체의 고장으로 문제가 되기도 하니 예방 점검이 필수다. 눈이 내리면 마음이 더 조급해진다. 닳아진 애마의 신발 네 곳을 교체하고 균형도 점검했다. 사전 병원에 예약하여 아픈 곳을 도려내었다.

나는 애마와 아침마다 눈을 맞추고 애무한다. 오늘 아침에도 출발 전 애마와 눈을 맞추며 운전석에 올랐다. 나이 들어갈수록 애마의 중요성이 더욱 크게 다가온다. 절제와 여유를 가르쳐준 신호등이 주는 지혜를 곱씹어 본다.

오늘도 내 삶에 켜지는 신호등을 잘 지키리라.

다시 사회 초년생

평생 몸담았던 직장에서 정년퇴임을 했다. 처음에는 집에 머물면서 그동안 못 한 일에 열중하기로 했다. 평소 산행을 좋아하여 건지산을 자주 오르내렸다. 새벽마다 테니스도 하고, 때로는 원도 한도 없이 잠도 잤다. 3개월 정도는 아내도 그동안 고생했다며 위로하고 격려해주었다. 그러나 점차 아내의 얼굴이 맑은 날보다 흐린 날이 많아졌다.

퇴직 후 제2의 인생을 준비하기 위해 고심하던 때가 있었다. 직접 경제활동을 하지 못할 때에 생활비 걱정 없이 살 수 있었으면 싶었다. 다소 연금이 있다고 해도 그것만으로는 평안한 노후를 대비할 수 없다는 생각이 들었다. 그동안 모았던 자금과 빚을 얻어 아담한 원룸을 사 두었다.

문득 그 원룸을 관리하는 일을 하면 되겠다는 생각을 했다. 내가 사는 작은 집도 잘 관리하지 못하는 사람이 그래도 몇 세대가 사는 원룸을 관리한다는 일은 쉬운 일이 아니었다. 그러나 제2의 직장이라는 생각을 하고 최선을 다해 일했다. 원룸 주변 청소도 하고, 임차인들에게 쓰레기 분리수거를 잘하도록 유도하는 일도 하였다.

임차인들의 요구 사항을 해결해주는 일도 한다. 건물관리와 임차인들의 편의를 위해 동분서주한다. 주정차는 잘하는지, 이웃 간에 다툼은 없는지도 살핀다. 화단의 꽃들도 잘 자랄 수 있도록 환경을 조성하기도 한다. 입주 계약 만기 시 깔끔한 처리로 신뢰를 쌓고 있다.

요즘 나는 새로운 사회에 적응하는 사회 초년생이다. 어느 날, 원룸 실내 외 형광등을 엘이디 등으로 교체하기 위해 아내와 상가에 가는 중 아내가 말했다.

"앞으로 계속 필요할 것 같으면 인터넷으로 사면 어때요?"

"오늘은 일단 이 가게에서 사기로 하지."라며 상가 앞에 차를 세웠다. 필요한 품목을 골라 계산대에 섰을 때 아내가 휴대전화로 물품 사진을 찍었다. 사장이 불편한 시선으로 바라보았다. 뒤통수가 무척 따가웠다.

돌아오는 차 안에서 아내는 인터넷으로 똑같은 물품을 찾아 영수

증과 비교하였다. 개당 몇천 원을 더 주고 산 것이었다.

"앞으로는 인터넷에서 한꺼번에 구매해 놓고 필요할 때마다 사용하면 좋겠어요."

아내가 못내 아까운 마음을 드러내며 잔소리를 이어갔다. 인터넷에서 구매하면 이렇게 싸게 구입할 수 있는데 왜 꼭 그 상점을 이용하냐는 지청구를 했다. 아내의 말이 백 번 옳았다.

그러나 쓸데없는 자존심인지 지기 싫은 마음인지 이유 아닌 이유를 대며 응수했다.

"조금 비싸더라도 우리가 사주어야 지역 상권이 사는 것 아니겠어?"

"아이고, 슈바이처 나셨습니다."

하지만 사회 초년생인 내가 사회생활의 선배인 아내의 화를 더 이상 돋게 하고 싶지 않아서 바로 꼬리를 내렸다.

"마님, 그렇게 하겠사옵니다."

요즘 젊은이들뿐만 아니라 많은 사람들이 온라인 구매를 선호하는 것이 현실이다. 그러다 보니 오프라인 업체들이 도산하는 경우도 많다. 유명 브랜드 가게를 운영하던 어떤 지인도 결국 가게 문을 닫는 일이 발생했었다. 기다리던 손님들이 와서 이 옷 저 옷 골라서 입어 보며 살 것처럼 하다가 그냥 나간다는 것이다.

색상을 확인하고 크기를 확인한 후 인터넷에서 물품을 구매하는 얌체족들이 많아서 오프라인 매장 운영자들은 속이 까맣게 탄다는 것이다. 같은 물건을 조금이라도 싸게 사고 싶어하는 구매자들 입장에서는 어쩌면 당연한 일일지도 모른다. 어쨌든 물품을 구매하는 사람들은 한 푼이라도 싸게 파는 곳을 찾기 마련이다. 아내의 현명한 소비 생활을 배워야겠다.

월급만 따박따박 가져다 주면 그만인 줄 알고 살았던 내가 새롭게 배워야 할 게 참 많은 것 같다. 사회 초년생으로 직장에 적응할 때도 도통 새롭고 모르는 것 투성이였다. 어쩌다 민원이 발생하면 어떻게 해결해야 할지 몰라 선배에게 도움을 요청하는 일이 다반사였다.

그렇게 한 건 한 건 해결해내면서 직장 생활에도 이력이 붙었다. 지금 내 모습이 딱 그때 같다. 허허벌판에 서 있는 것 같은. 그러나 세월의 더께가 조금은 내려앉은 지금은 그때 상황과는 많이 다를 것이다.

조금만 노력하면 충분히 잘 해쳐나갈 수 있는, 조금은 익숙한 사회 초년생이니까. 그리고 지혜로운 아내가 동행하고 있으니까.

이제 25년만 있으면 저도 오겠죠?

-영화 나라야마 부시코의 「고려장 풍습」

"눈이다!" 하염없이 눈이 설경을 만든다. 지게에 업힌 어머니를 바위 밑에 내려놓고 내려가다가 눈이 내리자 돌아서서 앉아 있는 어머니를 향한다. "어머니 추우시죠? 어머니는 운이 좋으세요. 눈 오는 날 오셨으니까요." 어머니는 빨리 가라고 손짓한다.

아들은 내려오면서도 자꾸 어머니 쪽을 바라보았다. 영화 나라야마 부시코의 「고려장 풍습」의 마지막 장면이다. 이 영화는 1983년 4월 29일 개봉된 작품으로 감독 이마누라에게 처음 칸영화제 그랑프리를 안겨주었다.

시대도 장소도 확실하지 않은 일본의 옛날 산속 마을이 무대다. 이곳에는 식량 부족 때문에 사람은 일흔 살이 되면 자식에게 업혀 나라 야마 정상에 버려지는 풍습이 있었다. 예순아홉 살인 어머니는 하얀 눈을 가장 좋아하였다. 이빨도 빼는 것이 좋다며 돌로 치고, 나중에는 확독에 부딪혀 앞니를 빼가며 스스로 고려장을 준비한다. '오린'이라는 이 노인은 진심으로 슬퍼하는 큰아들에게 업혀 산으로 가지만, 이것이 신의 부름이라고 생각하며 운명적으로 순응한다.

산으로 가면서 살았던 집을 되돌아본다. 다리를 건너 길은 계곡으로 접어든다. 냇가 통나무로 된 다리를 건너서 갓길을 지나 깊고 좁은 길을 겨우 빠져나가 산길에 들어선다. 길옆에는 온통 해골바가지들이 널려 있고 까마귀가 이곳저곳에서 울어대고 있다.

아들은 까마귀들을 쫓고 이곳저곳을 살피다가 지게를 내려놓았다. 노모는 돗자리를 편 다음 서로 마주보고 껴안으며 울었다. 아들은 지게를 지고 뒤돌아보지 않고 내려간다. 어머니는 멍하니 내려가는 아들의 등을 쳐다본다.

영화를 보면서 어린 시절 아버지가 했던 말이 어렴풋이 떠올랐다. 그때는 무슨 뜻인지 모르고 들었지만 결국 낳아준 부모를 버린다는 것임을 알았다. 실제인지 알 수는 없으나 늙거나 병들더라도 끝까지 어머니를 잘 모시라는 아버지의 당부 말씀이었다.

나는 6.25전쟁 발발한 5년 후 늦둥이로 태어났다. 아버진 언젠가 조용히 고려장의 풍습을 들려주었다. 70세가 된 노인을 풍습대로 산속에 두고 지게도 버리고 돌아오려 할 때, 함께 따라갔던 노인의 손자가 지게를 가져오려고 하였다. 그 아들이 지게를 버리자고 하자, 손자는 "아버지가 칠십 세가 되면 이 지게로 버려야지요."라고 말하더란다. 이 말을 들은 아들은 가슴 깊이 깨닫고는 늙은 아버지를 모시고 돌아와 지성으로 모셨다고 한다. 아버지가 왜 이런 이야기를 나에게 했는지 나중에야 알았다.

아버지는 어머니보다 연세가 훨씬 많았다. 끝까지 잘 모시는 사람의 몫이 될 거라며 학교 앞 논을 어머니 앞으로 이전했다. 그 뒤 어머니를 모시고 살며 다시 내 앞으로 이전하여 경작했다. 홀로 계신 어머니를 평생 모시고 살았는데 어느 날 갑자기 가슴이 답답하다고 하였다. 곧바로 119를 불러 병원 응급실로 옮겨 치료하였지만, 94세를 일기로 하늘나라로 가셨다.

영화 중 한 장면이 유독 마음을 끌었다. 아들은 산에서 내려오다가 한 장면을 목격한다. 아들이 어머니를 새끼줄로 몸을 감아 떨어트리려 하고 어머니는 떨어지지 않으려 하는데, 어머니를 뿌리치고 바위로 올라가 낭떠러지로 밀어 떨어트린다. 까마귀들은 "깍깍" 울어댔다. 고려장이란 말을 알고는 있었지만, 실제 장면을 보면서 나도 모르게 눈물이 났다.

현대 사회는 노년에 이르면 요양원에 입소하는 것이 대세다. 거동이 불편하거나 치매 등 누군가가 곁에 붙어서 보살펴야 할 상황이 되면 결국 시설의 힘을 빌리게 된다. 각 가정마다 그런 상황에 놓이지 않기를 노심초사한다. 이제 나도 그런 입장에 놓이니 실버타운, 요양원, 요양병원 등이 예사로 보이지 않는다.

요양병원에 있는 형수를 문병 갔다가 앞집에 살았던 동창 어머니를 뵈었다. 친구 어머니를 보니 어머니의 살아생전 모습이 자꾸 떠올라 만감이 교차되었다. 사람을 알아보지 못하고 우두커니 앉아 있는 모습에 마음이 애잔했다. 현대판 고려장이라는 생각을 지울 수가 없었다.

영화「고려장 풍습」이 한동안 머릿속에서 지워지지 않는다. "이제 25년만 있으면 저도 오겠죠?"라던 주인공의 말이 내 말이 될 것 같다.

제 몫만큼 살다가 간다

아내가 사과 좋아하는 나를 위해 부사 한 박스를 사 왔다. 먹음직스러웠지만 손이 가질 않았다. 사과를 보니 지난 일들만 주마등처럼 떠올랐다. 사과를 무척 좋아하는 사람이 사서 먹으려니 허기가 졌다. 사과나무를 직접 키워서 따 먹고 싶었다.

그러나 주위에서 100이면 100 사람 모두 사과나무를 심지 말라고 말렸다. 과일나무가 적거나 많더라도, 하는 일은 똑같다며 고생만 한다고 극구 말렸다. 하지만 몇 주 심지 않을 것이기에 그들의 말을 크게 마음에 두지 않았다. 한 해 밭을 오가며 과일나무를 가꾸었다.

사과나무 재배하는 일은 정말 장난이 아니었다. 시기마다 해야 하는 병충해 방제 등 모든 것이 힘들었다. 마치 전쟁 같았다. 내가 한심하단 생각만 들었다. 그래서 병충해 방제도 4회 정도만 했다. 하지만 그 정도로 과일 수확은 어림없었다. 병과 충, 까치에 시달리고 벌에 혼나고 과일 형태는 마치 곰보 같았다.

직장에서 근무할 때다, 서산마루에 걸친 노을빛이 참 고왔다. 마을에서 업무를 마치고 돌아가는 길에 도로 옆 과수원 사과나무에 주렁주렁 달린 사과가 노을빛에 반사되었다. 탐스럽고 빨갛게 익은 사과가 울타리 넘어 가지에 많이 달려 휘어졌다.

그런 장면을 보니 한번 재배하고 싶은 욕망이 내 안에 꿈틀거렸다. 그러나 현실적으로 어려움이 있어 그 마음을 미루며 잘 다독였다. 그 뒤 새봄이 되니 사과나무 재배하고 싶은 마음이 다시 도졌다. 고향 사자골 밭에 사과나무 묘목 20주를 구매하여 심었다. 많은 양을 심으면 일에 파묻힐까 봐 나름 수량을 줄였다.

식재 첫해는 자주 가서 돌아보곤 했다. 그런데 몇 그루 안 되지만 해가 갈수록 버거웠다. 시기에 따라 거름 주고, 병충해 방제도 시기별로 해야 하고, 풀도 수시로 베어야 했다. 몇 주 안 되는 적은 과일나무이지만 농약통을 짊어지고 살포하곤 했다. 할일은 많은 면적에 재배하는 것이나 똑같았다.

사전 사후는 물론 장마 시에는 수시로 들여다보아야 하고, 태풍이 지나간 뒤에도 반드시 의무적으로 약을 쳐야만 했다. 풀을 베고

난 뒤 돌아서면 풀이 금방 자랐다. 풀의 처지에서 보면 살기 위해 몸부림치는 일이지만, 내게는 필요 없는 잡풀일 뿐이었다. 제때 작업하지 않으면 온 밭이 풀밭으로 변해버렸다.

과일나무가 적어도 할 것은 다해야 하니 고민에 고민만 쌓여 갔다. 농기구나 농약 살포기는 기본이고, 밭에 있는 풀들과 전쟁하다 보니 시간은 잘도 흘렀다. 절기가 바뀌니 과일나무는 물론 농사짓는 일도 이제는 모든 것을 내려놓아야 될 것 같았다.

밭에 가보았다. 늦가을 사과나무는 삶에 연연하지 않고 자연에 순응하며 그동안 입었던 푸른 옷들을 다 떨구고 고독을 감내하며 겨울을 맞고 서 있었다. 여름 내내 태풍과 폭우 속에서도 그렇게 꿋꿋하게 싸우더니 끝내 비실비실했다.

병마와 싸우느라 지쳤는지 흐느적거렸다. 내가 다가가니 그동안 나 몰라라 내팽개치고 태만한 주인에게 서운하다며 눈을 흘기는 것 같았다. 제때 주인이 관심을 가졌더라면 온몸이 튼튼하여 자손이라는 튼실한 열매를 매달지 않았을까? 나무들이 주인을 보며 우우 두런두런 시위하는 것 같았다.

나무들을 둘러보았다. 두 달 넘는 지루한 장마와 태풍, 폭우, 비바람 등에 시달리고 병충해에 시달린 흔적이 고스란히 남아 있어 애처로웠다. 몇 개 달린 사과를 벌, 까치, 병해충에 내어주어 허허롭다. 남아 있는 그 열매 하나하나가 싸움에서 패한 패잔병 같다. 사과나무는 흐느끼고 있지만, 깊어져 가는 절기를 알리듯 이곳저곳에서 벌레들의 울음소리는 크게 들렸다.

예전 이곳은 복숭아밭이었다. 형님이 있을 때는 주먹 크기의 복숭아를 수확하여 시장에 내다 팔기도 했다. 그늘에 앉아 형님과 함께 성한 것은 먹지도 못하고 흠이 있거나 곰보가 된 과일만 먹던 기억이 떠올랐다. 밭 위쪽에 서 있는 움막도 쓸쓸하다 못해 적막이 흐른다.

주인을 잃어서인지 애처롭게 보인다. 벌써 강산이 열 번 변했다. 그 뒤 관리하지 못해 시들시들했다. 주인이 타지로 이사 간 뒤 복숭아나무를 캐내었다. 지금은 농막만 덩그러니 밭을 지키고 있다. 바람에 시달려 처마는 떨어져 허술하기 짝이 없다. 영역을 이룬 거미줄이 가득하다. 주인 행세를 하는 거미를 물끄러미 보고 있노라니 눈시울이 뜨거웠다.

과일나무도 속성을 몰라 여러 번 당황했었다. 자연재해에 더 많이 힘들었다. 태풍과 폭우에 못 이겨 과일이 여물기도 전 땅에 떨어져 나뒹굴었다. 흙 묻은 채 뒹구는 설익은 열매들처럼 마음이 무척 아팠다. 주변 여건에 견디지 못하고 떨어진 열매처럼 먼저 먼 나라로 간 형의 얼굴이 떠올랐다.

형님은 '거름도 잘하고 병충해 방제도 시기별로 잘해야 좋은 열매를 내어 준다.'라는 것은 당연한 이치라며 부지런히 가꾸기도 하였다. 떨어지는 낙과는 어쩌면 많이 열린 열매를 자연의 힘으로 솎아주는 것으로 좋은 점도 있지만 그저 숙명이거니 하고 받아들일 수밖에 없었다.

인생도 맑음만 계속될 수는 없다. 구름이 잔뜩 끼고 어느 때는 먹구름이 몰려오고 소낙비, 가랑비, 이슬비에 몸이 흠뻑 젖곤 한다. 천둥 번개에 놀라고 폭우가 계속되어 어려움이 많았던 때도 있다. 누구는 썩어간다고 표현할지 모르겠지만, 나는 그 시듦의 과정 역시 익어가는 것이라 여기고 싶다.

나무에 매달려 있든 땅에 떨어져 있든, 누구에게 거두어지든, 한 번 태어나 꽃 피운 것들은 제 몫만큼 살다가 간다. 설령 오랫동안 살지 못했어도 기억 속에서 내내 익어가는 것들도 있으리라고 생각된다.

힘 빼기의 고뇌

‘힘 빼는 데 3년’이란 말이 있다. 오래전 테니스 치던 때가 떠오른다. 레슨도 받지 않고 어깨너머로 배우며 한동안 테니스를 즐겼다. 그러다 보니 서툴기 그지없었다. 상대방이 공략하면 받아 넘기기 급급해 빠르게 움직여야만 했다.

세게 쳐야 상대방을 이길 수 있다는 생각에 나도 모르게 어깨와 팔에 힘이 들어갔다. 볼은 번번이 내가 보내고자 하는 방향을 외면하고 엉뚱한 방향에 내리꽂히곤 했다. 게임에 이기지도 못하고 온몸이 땀범벅이 되곤 했다.

운동을 마친 후 이어진 술자리에서 한 동호인이 내 실력이 엉성하다고 지적했다. 나는 술기운에 서운한 감정을 드러내고 말았다. 그 후 오기가 생겼다. 유능한 강사에게 레슨을 신청하였다. 강사는 레슨 내내 어깨, 팔에 힘을 빼라는 말을 반복했다. 시간이 갈수록 몸에 힘이 들어가면 임팩트가 약해지고 대응 능력도 뒤떨어진다는 말을 실감하게 되었다.

즐겁게 운동을 이어가던 중 무릎을 다치고 말았다. 의사가 테니스 운동과 결별하라고 권고했다. 그래도 미련이 남아 새벽 운동하는 테니스 동호인들의 활기찬 모습을 바라보며 한동안 테니스장 주변을 서성였다. 건강을 위해 하루에 만 보는 걸어야 한단다.

애쓰는 내 모습이 가여웠던지 지켜보던 선배가 새로 산 파크골프채를 보여주었다. 무릎에 무리가 가지 않는다며 파크골프를 함께 하자고 권유했다. 파크골프는 채도 하나였고 비용도 비교적 저렴했다. 재미는 물론 몸도 예전보다 좋아진다고 하였다. 규칙도 모르고 방법도 몰라 망설여졌으나 친구 따라서 강남 가듯 파크골프에 입문하게 되었다.

파크골프는 Park(공원)+Golf(골프)를 합쳐 만들어진 이름이란다. 공원이나 잔디 위에서 하는 놀이다. 파크골프는 1984년 일본 홋카이도에서 시작된 것으로 알려졌다. 현재 세계 여러 나라에 확대된 상태로 용어나 경기 규정, 사교상의 마음가짐이나 몸가짐은 골프와 비슷하다.

저렴한 장비로 시간에 구애받지 않고 장애인, 비장애인, 부부, 가족, 친구와 함께 가볍게 할 수가 있다.

홀의 코스 구성은 파3(40~60m) 4개, 파4(60~100) 4개, 파5(100

~150) 1개 등 9개 홀로 되어 있다. 기준 타수는 33타다. 일반 골프는 18개 홀로 기준 타수가 72타이므로, 파크골프는 시간이 두 배 정도 절약된다. 공은 지름이 6cm, 중량 80~95g의 플라스틱 재질로 된 제품을 사용한다.

이 운동은 골프 홀컵보다 넓어 골 스트레스가 덜하다. 손쉬운 운동에 재미를 느껴 시간 가는 줄을 모른다. 운동하다 보면 동작을 하나하나 알아 가는 재미도 쏠쏠하다. 경기 결과 최소 타수의 선수가 승리한다. 한 팀은 2~4명까지로 4명 이상은 할 수 없다.

경기 규칙은 1개의 공을 가지고 홈그라운드 내에서 몇 번 만에 홀컵에 넣는가가 관건이다. 한 팀을 구성, 시작 순서는 최초 1번 홀에서 설치된 제비뽑기 도구를 이용하고 다음 홀부터는 앞 홀에서의 성적순이다. 2타부터는 홀컵에서 먼 쪽의 볼부터 순서대로 친다.

페널티(벌타)는 모두 2타다. 이 운동의 기본 용어도 알게 되었다. 스윙은 긴 샷과 짧은 샷으로 나뉜다. 티샷은 티잉 그라운드에서 티 위에 공을 올려두고 처음 치는 샷을 의미한다. 퍼팅은 그린 위에서 볼 퍼트를 이용해서 굴려 홀에 넣은 샷으로 점수로 연결된다.

운동하기 전 가벼운 몸풀기를 하였다. 선배로부터 채를 잡고 운동하는 요령을 배웠다. 용담댐 상류 진안구장은 18홀의 잔디 구장이다. 한 시간 반에서 두 시간이면 돌 수 있다. 중간중간 나무가 심겨 있고 파라솔이 설치되어 쉴 수도 있다. 용담호의 호수도 보이고, 개울도 있어 눈이 호사를 한다.

이 운동은 골프와 달리 긴 개별 개인지도를 받는 것도 아니다. 하는 방법만 알면 스스로 집중하여 치면 된다고 팁을 주었다.

이 운동을 하다 보니 초등학교 다닐 때 자치기하던 생각이 떠올랐다. 자치기는 파크골프와 비슷하다. 그때는 특별한 운동이 없었다. 남학생은 자치기나 비석치기, 구슬치기, 여학생은 고무줄놀이, 줄넘기가 대부분이었다. 특별한 장소가 아니어도 골목이나 넓은 공간이 있으면 모여서 놀았다.

친구들과 자치기하며 시간 가는 줄 모르다가 늦게 집에 가면 어머니에게 혼나곤 했던 그 시절이 생각난다. 그래서인지 파크골프가 편안하고 정감있게 느껴졌다. 옆에서 치는 것을 보면서 한번 쳐보니 의외로 자신감이 들었다.

공을 굴려 홀에 넣는 것이 쉽게 보여 소주 한 잔 내기를 제안했다. 가장 많은 타수로 홀에 넣은 사람, 즉 꼴등이 산다. 내 차례가 되어 티에 올려놓고 쳤다. 공이 처음에는 반듯하게 나가 좋아했는데 군데군데 있는 장애물에 맞아 결국 한쪽으로 튀었다. OB -규정을 벗어나 밖으로 나가는 것- 란다. 벌점 2점이 주어졌다.

다음 코스인 파4로 비거리가 60m인 곳에서 힘을 주어 쳤더니 반듯하게 공이 굴러갔지만, OB가 되었다. 코스마다 최선을 다하였다. 파5에서는 장애물에 맞아 옆으로 공이 튕겨 나갔다. 다른 이는 손을 가볍게 터치하며 잘 쳤다. 부러웠다. 이 경기 내내 코스마다 짜증이 났다.

나중에 터득한 사항이지만 욕심을 부리게 되면 어깨에 힘이 들어가 볼이 원하는 곳으로 가지 않는다는 것도 알게 되었다. 선배는 "OB네, 이러면 안 되는데."하며 안타까운 심정을 표했다. 결국 꼴등을 하였고 술자리를 마련하게 되었다. 첫술에 배부르겠느냐 했지만 마음이 쓰렸다. 다음에 두고 보자고 벼르게 되었다.

나는 요즘 파크골프에 푹 빠졌다. 무릎 통증도 줄어들었다. 상대 선수가 채로 쳐 오비가 나면 대놓고 좋아했다. 처음에는 웃었지만 실례란다. 이제는 웃지 않고 속으로 앗싸! 하며 쾌재를 부른다. 18홀을 걸으며 파트너와 대화하고 운동하다 보면 시간이 훌쩍 지나간다.

게임만 하면 꼴등은 내 차지였다. 이것도 한두 번이지 계속되다 보니 고민에 빠졌다. 저녁 후 TV를 보는데 애들이 냇가에서 물고기 잡는 모습이 보였다. 동심의 세계로 돌아가 어릴 때 생각이 떠올랐다. 고향 마을 앞 냇가에서 방과 후 친구들과 함께 물장구치며 물고기 잡던 일이다.

돌 밑에나 가장자리 풀 속에는 미꾸리, 빠가살이, 붕어들이 있었다. 손으로 잡으려면 살며시 잡아야지 꽉 힘을 주면 미끄러지듯 쏙 빠져나갔다. 갑자기 무릎을 손뼉으로 쳤다. 아내는 왜 그러냐며 물었다. 아무것도 아니라며 혼자 중얼거렸다. 채를 살포시 엄지손가락을 떼고 나머지 손가락으로 잡고 폼을 잡았다.

무언의 약속

삶이란 겪는 사람의 것이지 옆에서 바라보는 사람의 것은 아닌 듯싶다. 겉모습을 번듯하게 꾸며도 내면은 미미하고 초라하기만 하다. 인생 제2모작 풋풋한 노후의 삶을 위해서 도전의 삶이 필요한 이유다.

지나온 시간을 되짚어 보면 평범한 일상에서 실속 없이 시간을 보낸 것 같아 아쉬움이 많다. 나는 나의 유일한 친구인 건지산의 속살을 좋아한다. 언제나 갈 수 있고 가까이서 볼 수 있어서 항상 마음이 간다.

슬플 때나 기쁠 때나 내 마음을 드러내놓으면 포근히 감싸주기 때문이다. 언젠가 새벽안개에 가려 건지산이 보이지 않아 허전했다. 건지산은 나의 안식처요, 휴식처다. 사계절 내내 편백 숲의 당당함과 은은한 새소리에 언제나 머물고 싶은 곳이다.

'코로나19'란 엄중한 현실을 긍정적으로 타개하려고 수시로 건지산을 오르내렸다. 그러던 어느 날 매일 먹던 밥 대신 짜장면을 먹고 싶은 것처럼 다른 곳으로 발길을 옮겨 보았다. 팔복동에 있는 전북 한국산업인력공단을 방문했다. 그곳은 나에게 소박한 꿈을 심어준 곳이다. 직장에 다닐 때도 그 이후에도 연을 이어오고 있다.

지난해의 일들이 떠오른다. 신축년 새해를 맞이하여 나름 크고 작은 꿈들을 꾸었다. 그러나 새해가 시작되고 얼마 지나지 않아 코로나19 바이러스가 전 세계를 불안과 공포의 도가니로 몰아넣었다. 내가 좋아하는 테니스도 테니스코트가 폐쇄되어서 하지 못했다.

주변에 있는 건지산과 장군봉, 덕진공원, 오송제 둘레길을 걷는 것이 운동의 전부였다. 건강하고 알찬 한 해를 계획했는데 모두 무산되어 사는 게 사는 게 아니었다. 나의 부족한 부분을 채우며 내 건강을 유지하기 위한 일을 찾는 것이 절실했다.

'위기가 기회다.'라는 말이 있다. 생각 끝에 도전하기로 했다. 이공기계 분야는 문외한인 내가 그 분야에 도전하기로 마음을 먹었다. 내심 불안했지만, 각오를 다지며 서점으로 가서 관련된 이론 서적과 문제집을 샀다. 외부 활동을 아예 자제하고 집에 틀어박혀

서 심기일전 전력을 쏟았다.

건축도장기능사, 롤러 운전기능사에 도전장을 냈다. 건축 도장 관련 도전은 우리 집 주택을 색칠하여 깨끗하게 관리하면 좋을 것 같았다. 롤러 운전기능사는 고속국도나 일반도로, 운동장 등 공사장에서 작업하는 모습을 흔히 보아 온 터라 좋을 것 같았을 뿐만 아니라, 자격증을 취득하면 취업도 잘된다는 말에 현혹되었다.

롤러 운전기능사 시험은 운전면허시험 보는 방법과 유사했다. 운전면허시험에 T자 코스가 있듯이 F자 코스를 주행할 줄 알면 합격할 수가 있다. 실기시험은 설치된 코스를 출발하여 다짐 구간 작업을 한다. 왕복 3회 실시하고 후진으로 출발 지점까지 되돌아왔다가 다짐 구간 하단에 한 번 더 들어가 후진해서 출발지로 나오면 시험은 종료된다.

롤러 운전기능사 실기시험 보는 날, 현대중장비학원 시험장에 아침 일찍 도착하여 기다렸다. 실기를 보는 수험생들에게 사전 주의사항과 시험 요령 등에 대한 설명이 있었다. 시험 보는 순번을 결정하기 위해 도착한 순서대로 무작위로 뽑았는데 난 불행하게도 1번을 뽑고 말았다.

첫 번째로 탑승하여 출발했는데 무척 떨렸다. 다짐 구간 작업 진행 후에 후진하다가 뒷부분이 바르게 되어야 하는데 홱 돌아가 버렸다. 순간적인 일이었다. 지켜보던 감독관이 호루라기를 불면서 '탈락'이라고 외쳤다. 하던 것을 멈추고 운전석에서 내려왔다. 지금도 그때를 생각하면 쥐구멍에 들어가고 싶은 심정이다. 그날 그때의 하늘은 파란색이 아니라 노란색이었다.

2년 전에도 지게차 시험에 응시한 일이 있었다. 그때는 진안공고에서 두 분의 선생이 이론 교육을 해주었다. 1차 필기시험은 당당히 합격했는데 2차 실기시험에서 아쉽게 시간 초과로 떨어졌었다.

임인년 새해에도 할 수 있는 일, 좋아하는 일에 계속 도전하고 싶다. 연세대 철학과 김형석 전 교수는 '나이 들수록 건강한 인생의 비밀'이란 주제 강연에서 '무슨 일이든 좋아하는 일을 계속해야 한다.'라고 하셨다. 특히 김 교수는 '지금도 일기를 계속 쓰고 있는데 지나간 일기를 보며 조금씩 달라져 가는 자기 모습을 보면서 행복을 느낀다.'라고도 했다.

오늘 아침에도 건지산 산책길을 거닐었다. 싱그러운 풀빛과 맑은 하늘 잔잔한 구름이 흐르고 해맑은 새소리가 숲속의 아침을 깨웠다. 이 시기엔 녹색 향연으로 숲속은 그야말로 천국이다. 하늘을 향하여 쭉쭉 뻗은 편백의 피톤치드 향이 코를 찌른다.

산은 한겨울이 지나고 나면 앓고 난 사람처럼 수척해 보인다. 봄여름이면 왕성한 시기로 녹음이 가득하다. 인생 2모작인 풋풋한 노후의 삶에 건지산 친구의 교훈을 경청했다. '그동안 하던 봉사활동을 계속하란다. 좋아하는 운동 한 가지만 지속하고, 악기는 하나쯤 다룰 수 있도록 발을 담그란다. 치매에 좋은 수필 쓰기로 초보운전면허증을 어렵게 취득했으니 집 안에서 골목으로, 골목에서

대로까지 운전할 수 있도록 실천해 보란다. 그리고 올해도 자격증 도전으로 남은 꿈을 키우란다.'

떠오르는 태양이 휘황한 빛을 발하고 있다. 건지산 정상에서 시내를 보며 건지산과 무언의 약속을 했다.

제 4 부

목돈 찾았는걸요

25년의 만남, 새로운 시작

담양을 향했다. 내비게이션을 켜고 담양리조트를 찍으니 한 시간 십 분 소요된다고 했다. 자가운전으로 장거리 여행을 하려니 긴장이 되었다. 빨간 신호등 불빛이 뭐에 그리 바쁘게 사냐며 여행길 느긋하게 가라 안내하는 것 같았다. 오랜만에 지인들을 만난다는 설렘도 지그시 누르며 안전 운전에 신경을 썼다.

코로나19를 겪으며 3여 년 동안 모임을 못 하다 보니 굳건한 신뢰에 실금이 생기기 시작했다. 모임도 안 하면서 회비만 내냐는 불만의 소리가 들리더니 모임을 해체하자는 목소리까지 나왔다. 결국 서로 얼굴 맞대고 진지하게 대화하자는 회장의 간곡한 부탁으로 출발한 여행이다.

이 모임은 25년 전에 결성되었다. 1998년 수원에 있는 국가 행정 전문연수원에서 6급 중견간부의 자질을 함양하기 위해 6개월 합숙하며 함께 연수 과정을 마친 사람들의 모임이다. 전국에서 모인 50명의 동기생 중 방송대를 나온 사람들이다.

그동안 4차례 부부 동반 외국 여행도 했고, 회원들이 거주하는 각 지역을 돌며 연 2회 만남을 지속해 왔다. 그 지역의 역사도 배우고 특색 있는 곳 관광도 하며 우의를 돈독히 다져 왔다.

전주 시내를 벗어나니 도로는 한산했다. 순창을 경유 전남 담양 길을 달렸다. 한참을 더 가니 메타세쿼이아 가로수길이 눈앞에 펼쳐졌다. 싱싱한 초록 풍경을 보니 마음에도 초록 물이 드는 것 같았다. 햇살은 뜨거웠지만, 그늘이 드리워지고 바람까지 솔솔 부니 한결 시원했다. 담양을 대표하는 메타세쿼이아 가로수길은 장관이었다. 담양의 역사를 보는 것 같았다.

담양리조트에 안전하게 도착했다. 벌써 4명이 와서 담소 중이었다. 하필 비가 보슬보슬 내렸다. 밖으로 나가지 못하고 리조트 2층에서 창을 통해 푸른 산을 보았다. 곡선으로 이어지는 산 능선이 여유로워 보였다.

각지에서 모인 회원들과 온천탕을 즐긴 후 만찬을 했다. 함께 알몸으로 물속에서 시간을 보낸 후의 만찬은 꿀맛이었다. 오래간만에 만나니 이야기 내용도 풍성했다. 건강에 관한 이야기부터 생을 다하는 날까지 어떻게 살아야 할 것인가 하는 이야기까지 끝이 없었다.

어떤 친구는 이제는 건강이 최고라며 아내와 함께 날마다 하천 변을 만 보씩 걷는다고 했다. 예전에는 테니스 운동도 했지만, 지금은 무리란다. 또 한 사람은 원룸을 운영하며 그에 따른 관리의 애로를 말하였다. 산림기능사, 조경기능사 자격증도 필요할 것 같아서 취득했고 요즈음은 도색이나 도배의 일자리가 많이 필요할 것 같아 관련해서 공부한단다. 그동안 취미로 즐겼던 기타를 본격적으로 시작하기 위해 시간 나는 대로 기타 동아리에 참가했단다.

우리 모임 회장은 그동안 사과 농사를 지어 왔는데, 지난해 처음으로 수확을 잘해 재미를 톡톡히 보았다고 했다. 올해도 노력 중이란다. 고추, 벼농사도 짓는다. 스스로 일 부자라고 했다. 요즈음 탁구클럽에 가입해 동료 회원과 저녁마다 땀 흘리며 운동한다고 했다.

총무인 친구는 권역을 정해 여행을 다닌다고 했다. 지난해는 어려운 여건에도 남해안 쪽을 다 여행했단다. 신안 천사섬을 돌며 힘이 들었다고 했다. 요즘은 동해안 쪽 여행을 하고 있단다. 건강 관리를 위해 골프를 즐긴다고도 했다. 모두 나름대로 재미있게 생활하는 가운데 건강을 잘 관리하는 것 같았다.

나는 제2의 인생을 문학과 연애 중이라고 했다. 전주시 교육문화회관에서 서예 수업도 받고, 건강을 챙기기 위해 매일 덕진체련공원 축구장 주변을 한 바퀴씩 돈다. 운동기구를 이용해 물구나무서

기도 꾸준히 한다. 철봉에 매달려 허리를 늘린 후 다시 축구장을 돌면 그렇게 기분이 좋을 수가 없다. 찔레꽃, 아카시아 꽃향기가 코를 스칠 땐 전율을 느낀다.

축구를 즐기는 사람들의 열정을 보면서 함성을 듣다 보면 내 몸도 뜨거워지는 것 같다. 축구장에서 뛰는 선수들의 열정이 내 몸에 전이되기도 한다. 그들처럼 혼자서 소리를 지를 때도 있다. 산 위에서 불어오는 바람은 또 어떤가. 낡아가는 몸과 정신에 맑은 기운을 드리운다. 아름드리 숲 그늘이 주는 고마움에 수시로 그 길을 걷곤 한다며 자랑을 늘어놓았다.

삶에 가장 큰 비중을 차지하는 것은 건강이지 싶다. 노후의 편안한 삶을 위해서는 건강이 필수니, 관심이 갈 수밖에 없다. 건강에 관한 이야기로 밤을 지새울 지경이었다. 그렇게 하룻밤 거나하게 보내고 나니 이별 여행일 것 같았던 분위기가 반전되었다.

25년을 지속한 모임을 해체하는 것은 말이 안 된다는 의견들이 모아졌다. 그동안 빚어졌던 작은 불만들은 새로운 내규의 결정으로 해결되고 집행부도 개편했다. 새털처럼 가벼운 마음으로 전주를 향했다. 애마는 하루 전과 달리 신나게 달렸다.

퇴직 후 삶에서 그들이 차지하는 마음의 공간이 꽤 넓다는 것을 확인하는 여행이었다.

검사소의 하루

자동차검사소를 운영하는 선배로부터 전화가 왔다. 수동변속 기어 차량을 운전할 수 있느냐고 물었다. 자기 회사에 일손이 필요하다며 하루만 도와달라고 했다. 평소 자동차에 관심이 많았고 그곳은 내 차 검사를 받는 곳이기도 해서 힘을 보태기로 했다.

약속한 토요일 아침 검사소에 도착했다. 예약제로 검사를 요청한 차가 대상이었다. 검사받을 차량은 일찍부터 대기하고 있었지만, 작업은 오전 9시부터 시작하였다. 내가 할일은 정해진 위치로 차를 옮겨주는 일이었다. 진입하는 차량을 입구에서부터 순서대로 세워 대기시켜야 진행이 원활하였다.

고객들에게는 차 키를 안에 놓은 상태에서 자동차등록증만 가지고 사무실로 가도록 안내했다. 대기 중인 차는 다수가 오토매틱이었지만 간혹 수동 기어인 차가 있었다. 오랜만에 수동 차를 운전하려니 감이 떨어져서 애를 먹었다.

자동차검사소에 진입한 차는 먼저 자동차의 차대번호 원동기 형식이 등록원부와 같은지 확인을 한다. 차축 및 휠의 휨이나 균열이 있는지 점검하고, 타이어의 손상 등 주행 장치를 자세히 들여본다. 라이트 같은 조향장치의 문제 및 제동장치가 허용기준에 적합한지를 판정하고, 안전띠 작동 여부 등도 철저히 살핀다.

대기오염 예방을 위해 디젤 차량 등이 부적격일 경우 수리 후 확인서를 지참하고 재차 검사받아야 한다. 자동차의 안전도 적합 여부와 배출가스 허용기준 준수 여부가 교통사고와 환경오염으로부터 우리의 삶을 지킨다는 걸 새삼 깨달았다.

차량의 상태를 검사하는 일은 우리의 생명과도 직결된다는 생각에 내가 맡은 일에 최선을 다했다. 자동차 점검은 3명이 각자 맡은 순서에 따라 진행하는데 그들의 눈빛과 숙달된 일 처리에 신뢰감이 들었다.

문득 지난 3월에 일어났던 가벼운 사고가 떠올랐다. 집 앞에서 후진하다가 탑차량에 부딪친 사고였다. 자동차 번호판 한쪽이 들어가고 봉인된 나사가 휘어져 사이가 벌어졌지만, 운전에는 문제가 되지 않아 그냥 운행하였다. 그러던 어느 날 정기 검사 안내에 따른 검사를 받게 되었다.

자동차 검사 진행 중 차주인 나를 불렀다. 봉인한 나사가 불량이므로 수리한 후 재검을 받으라 했다. 검사소의 요구대로 재검받아야 했으므로 번거로웠지만 더 큰 사고를 막을 수 있어 참 다행한 일이었다.

얼마 전 중고차를 구입한 일이 있었다. 아내가 버스로 통근하는 일이 지겨웠는지 차를 구입하고 싶어했다. 중고 자동차 시장을 돌아보았는데 마음에 썩 드는 차를 발견하지 못했다. 그러던 어느 날 아내 직장의 지인으로부터 가스 차를 판다는 소식을 들었다.

검사도 이미 받았다고 했고 차량도 깨끗했다. 다만 출고된 지 좀 오래되었다는 점이 맘에 걸렸지만, 차량 유지 비용 부담이 적을 것 같아 구입을 결정하였다. 그러나 운행한 지 6개월쯤 자동차 검사 통지를 받고 검사소에 갔으나 불합격 판정을 받은 후 재검을 받아야 했다.

중고차를 구입할 때 성능검사 결과 확인서를 발부받았어야 한다는 것을 뒤늦게 알게 되었다. 이 또한 자동차 검사를 받지 않았더라면 차에 문외한인 내가 알 수 없는 문제였다. 종일 자동차 검사를 받으러 오는 차량을 보자니 우리네 삶과 같다는 생각이 들었다.

우리의 몸이 아프면 병원을 찾아 의사의 검진과 검사를 받은 후 병명을 확인하여 치료에 임하듯, 차량도 검사소에서 검사한 후 어느 한곳이 정상적이지 않다는 판정이 내려지면 정비소에서 수리받는다. 자동차의 구조와 기관은 인간의 각 장기와 같다.

차량도 제기능을 다할 수 있도록 보이지 않는 곳에서 각 장치들은 쉼 없이 제 역할을 다한다. 엔진을 비롯한 동력전달장치, 조향장치, 제동장치 등 여러 부속들이 그렇다. 자동차검사소에 왔다가 재검 판정을 받고 되돌아가는 차량을 보면서 내 몸도 주기적으로 잘 관리해야 함이 절실하게 느껴졌다.

이제는 내 몸도 정기적으로 검진을 받아 잘 관리해야겠다. 종일 수많은 차량의 건강 상태를 체크하느라 힘든 하루였다. 집으로 돌아오는 발걸음은 엔진오일을 교체한 차량처럼 부드럽고 가벼웠다.

웃는 낯

거울에 낯선 내가 있었다. 주름투성이에 무뚝뚝한 얼굴, 희끗희끗한 머리를 재차 보았다. 세월의 더께가 내려앉은 기왓장 같았다. 웃음을 잃어버린 추레한 인형이었다. 시간은 웃음을 잡아먹으면서 흘러가는가? 변해가는 나의 모습을 어찌 세월 탓으로만 돌릴 수 있겠는가?

얼마 전 연금관리공단에서 여러 과정의 강좌를 수강하라는 안내 문자가 왔다. 곰곰이 생각하다가 그중 3일간 하는 웃음 치료 과정 강좌를 신청했다. 그동안 웃을 일이 없었다. 집에 머무는 시간이 많았지만, 허투루 보내었다. 하루를 계획성 있게 하지 않으면 덧없이 시간만 가고 무료해지곤 했다. 오늘은 웃음 치료 강좌 참석하는 날, 일찍 출발하여 전주연금관리공단으로 갔다. 많은 수강생이 와 있었다.

첫 시간이었다. 연수 담당자는 웃음을 전파하는 전문 강사를 소개했다. 강사는 환한 얼굴로 말했다. "웃음은 최고의 스트레스 치료제이며 예방주사다." 인생의 주인공은 본인 자신이며 즐겁고 행복하게 웃어야 한다고 했다. 옛날에 내가 뭐 했는지는 중요하지 않다. 오늘, 현재가 중요하다. 모든 것 내려놓고 지내라. 수강생들은 박수로 화답했다.

웃음 치료 강의 전에 어색한 분위기를 바꾸기 위해 쉬운 박수로부터 시작했다. 종류도 많았다. 주먹 박수, 손등 박수, 봉우리 박수, 달걀 박수, 목뒤 박수, 손바닥 박수, 손가락 끝 박수, 먹보 박수를 하나하나 초등학교 동요와 동작을 곁들여서 했다. 첫 시간 가고 두 시간 끝나고 쉴 때 보니 참석자들의 얼굴이 햇살같이 환해 보였다.

웃는 방법에는 손뼉을 치며 크게 웃는다는 박장대소拍掌大笑, 얼굴이 찢어질 정도로 크게 웃는다는 파안대소破顔大笑, 허리가 끊어질 듯하고 배가 아플 정도로 몹시 웃는다는 요절복통腰折腹痛, 배를 안고 넘어질 정도로 몹시 웃는다는 포복절도抱腹絶倒가 있다.

억지로라도 웃다 보면 그것도 실제 생활에 도움이 될 것이라고 했다. 평소에 많이 웃어라. 웃어야만 좋다는 말은 막연하였다. 막상 교육을 마친 후에는 웃을 이유가 많지 않았다. 단체로 모여 억지로 웃게 만드는 그때의 일들이 가끔은 혼자 미소를 짓게 하곤 했다.

요즈음 어른들은 생활에서 웃음을 잃어가고 있다. 코로나 피로감, 고물가, 고금리, 고환율, 전기, 가스료 인상으로 인하여 삶이 더 팍팍하다. 그만큼 세상살이가 만만하지 않기 때문일 것이리라. 웃음은 사람이 기쁘고, 우습고, 즐거움의 감정을 느낄 때 나오는 표정이다.

'웃는 낯에 침 못 뱉는다.'라는 속담도 있다. 하지만 상대가 화났는데도 웃으면서 넘기려고 하는 건 되레 관계를 악화시킬 수 있다. 최규상의 『끌리는 사람의 유머 스타일』에서는 말이 통하지 않는 아프리카 원주민과도 완벽하게 소통할 수 있는 유일한 도구가 있는데, 그건 바로 웃는 표정이라는 것이다.

한마디로 환하게 웃는 표정이야말로 만국 공통 언어다. 나 자신 얼굴에 웃음을 가득 번지게 함으로써 상대의 무표정함과 긴장을 풀어주는 것이다. 얼굴의 어원이 바로 '얼-생각, 사상-'과 '굴-골-'이라고 한다.

한마디로 사람의 생각을 담는 틀이 얼굴인 셈이다. 그러니 상대의 얼굴만 보고도 만 가지의 오묘한 생각을 읽어낼 수 있다. 눈이 마주치기 2~3초 전에 미리 미소를 지어 웃음을 얼굴에 띄운다. 그러고 나서 눈빛을 마주치면서 웃으면 최고의 미소를 상대에게 선물할 수 있다.

웃음 치료 과정을 수강한 지 오래되었다. 그 후 나는 이렇게 변했다. 하루의 시작은 세면장에 있는 거울 앞에서 웃는 연습을 한다. 거울을 보며 '이만하면 괜찮지. 하루를 신나게 지내는 거야.' 얼굴을 펴보며 미소를 짓기도 한다. 그동안 무뚝뚝하고 인상만 쓰던 얼굴을 다른 사람들은 어떻게 보았을까. 웃음은 유효 기간이 없는 최고의 약이라는데.

우리를 가르쳤던 그 강사는 가정과 일상 생활하며 어떻게 웃음을 접목할까 궁금하기도 하다. 억지웃음, 헛웃음, 쓴웃음, 비웃음과 냉소를 없게 만들기 위해서는 유머로 공감과 긍정을 끌어내야 한다. 살아가면서 누구나 다양한 소임을 수행한다. 한 가정의 부모로서, 한 직장의 구성원으로서, 크고 작은 모임의 일원으로서, 각각의 위치에서 좀더 나은 삶을 향해 나아간다.

그때 힘과 용기를 주는 에너지가 유머를 통한 웃음이다. 웃는 낯으로 가족과 이웃을 대하면 마음부터 편해진다. 새해에는 입이 귀에 걸리는 날이 많았으면 좋겠다.

은사님의 생일

페이스북에서 돌아가신 은사님의 생일이라고 알려주었다. 사진을 보니 여전히 환하게 웃고 있다. 한참을 바라보니 눈물이 고인다. 사진 속 은사님은 미소를 머금은 채 손으로 얼굴을 괴고 뭔가 골똘히 생각하고 있다.

'아! 김학 은사님 보고 싶습니다.'

그분은 올해 일월 스무여드렛날 영면하셨다. '대자인병원에 입원 치료 중 하늘나라로 갔다.'라는 비보에 종일 일이 손에 잡히지 않았다. 병원에서 건강검진을 받는다는 이야기를 들었지만 이렇게 허망하게 떠나실 줄은 정말 몰랐다. 수업 시간에 가끔 집에서 수시로 사이클을 타고 발 마사지도 하며 때로는 동초등학교 운동장을 몇 바퀴씩 도는 운동을 한다고 하였다. 정말 건강을 잘 챙긴다고 생각하며 나도 따라서 실천하려고 노력했다. 평소 가족 사랑 이야기도 들려주며 인간미가 넘쳐나는 분이었기에 더 아쉬움만 절절히 남는다.

집념이 강한 분이라 상수上壽까지는 무난히 사실 것으로 믿었으나 뜻하지 않게 팔순도 넘기지 못하고 떠나셨다. 한동안 일이 손에 잡히지 않고 눈물만 흘렸다. 시간이 흘러 슬픔이 가라앉기는 했지만, 글을 쓸 때마다 은사님 생각이 새록새록 났다.

나는 6년 전 은사님과 페이스북에서 친구가 되었다. 직장에 몸담고 일할 때였다. 문화원을 방문했을 때『진안 문학』이라는 책을 보고 나도 글을 쓰고 싶은 생각이 들었다. 전북대 평생교육원을 찾아가 김학 은사님을 처음 만났다. 목요 야간반에 6개월 다니다가 직장 일로 부득이 그만두었다. 퇴직 후 김학 선생이 신아문예대학에서 강의한다기에 다시 사제의 연을 이어 갔다.

서재에『손가락이 바쁜 시대』,『지구촌 이야기』, 고희 기념『나는 행복합니다』, 희수 기념『하루살이의 꿈』,『수필의 길 수필가의 길』,『수필평론집』 등이 있어 은사님을 보는 것 같다. '불광불급不狂不及 정신으로 몰입하라,' '좋은 수필을 빚는 데 왕도는 있을 수 없다.'라며 책을 많이 읽고 많이 써보고 많이 생각해보라는 구양수의 삼다설三多說을 늘 강조하였던 은사님이다.

항상 인자하고 남을 칭찬하기에 앞장섰고, 건강을 위한 운동도 잘하셨던 분이다. 어렵고 힘든 생활을 하면서도 좋은 면을 보아야 수필의 소재가 보인다며 수강생들에게 돌아가면서 칭찬하게 했다. 수강을 받으며 글을 써서 교수님께 메일로 보내고 떨리는 마음으로 기다리곤 했다. 첨삭지도 결과가 메일로 돌아올 때는 그렇게 기쁠 수가 없었다.

때로는 보낸 글을 신문사에 보내고 신문에 나온 것을 코팅하여 수업 중에 나눠줄 때는 가슴 뭉클했다. 많은 학생 글을 첨삭 지도하느라 새벽잠을 설치기도 한다며 글이 향상되는 제자들을 보면 흐뭇하다고 했다. 아마 그런 고단한 일이 쌓여 병이 생기지 않았나 하는 마음이 들어 가슴이 아프다.

수업 장소에 가려면 은사님 계신 사무실을 통해야 했다. 은사님은 항상 사무실 의자에 앉아 신문을 보며 반갑게 맞이해 주었다. '수필 많이 쓰고 있느냐, 계속 많이 써라. 등단도 할 시기가 되었다.'라며 월간지 『한국산문』에 낼 것을 독려하기도 했다.

이젠 수필집도 낼 때가 되었다면서 그동안 쓴 수필이 몇 편이나 되는지 묻곤 했다. 제자들에게 성실하게 열심히 수필을 쓸 수 있도록 따뜻한 격려와 채찍질을 했다. 호탕하게 웃는 목소리가 아직도 귀에 들리는 듯하다.

돌아가시기 3일 전에도 목소리를 들었었는데…. 대자인병원이라며 평소와 다른 목소리로 모레쯤 퇴원할 것이라고 했었다. 교수님께 힘내시라고 말하고 끊었다. 그런 다음 날 지인으로부터 교수님의 부음이 들려왔다. 무슨 날벼락인가 어안이 벙벙하여 종일 허둥

대기만 했다. 눈이 펄펄 내리는 날 저녁에 눈물을 훔치며 전북대병원 장례식장으로 갔다. 영정 사진이 외롭게 보였다. 절을 하며 울었다.

신아문예대학 목행牧杏 의석倚石 그리고 학림學林 세 사람이 은사님의 지도로 등단했던 잡지를 들고 납골함이 안치된 추모 공원으로 향했다. 그곳에서 은사님의 사진을 보며 너나 할 것 없이 또 눈물을 쏟았다. 사람이 죽으면 이렇게 한 줌의 재가 된다니 원통하고 허망했다. 살아계실 때 잘 모시지 못한 마음으로 사죄를 드리며 한참을 기도하고 돌아나왔다.

정말 한바탕 꿈인가 싶었다. 두루미 한 마리가 하늘로 날아 올라가는데 보이지 않을 때까지 바라보았다. 은사님은 영면하셨지만, 은사님 지도받은 덕분에 종합문예지 『표현』 2020년 겨울호에 수필 신인상을 받아 등단하였다. 2021년 3월호 『한국산문』에서 또 수필 신인상을 받았다.

현재는 한국디지털대학 문예창작과에 3학년으로 편입하여 넓은 문예 바다에 푹 빠져 헤엄치고 있다. 스마트 폰의 카톡, 페이스북은 본인의 탈퇴 신청이 없으니 은사님은 그곳에서만은 생존하신다. '김학 생일'이라고 뜨니 은사님이 살아오신 듯 반가웠다.

살아생전 오랫동안 수필 창작 지도에 열정을 쏟으셨으니 천국에서도 수필 지도를 하실 것으로 믿는다.

목돈 찾았는걸요

TV프로 「나는 자연인이다」에서 '하하 호호 꽃바람 인생 성이자!' 편을 보았다. 올해 70세인 성이자는 산중 생활 13년째였다. 그녀는 빚보증을 섰다가 산속 행을 하게 되었는데, 무속인 같기도 한 기이한 그녀 삶의 궤적을 숨죽이며 시청했다.

성이자가 자연인이 된 데는 사연이 있었다. 30년 전 남편 몰래 지인에게 인감증명서를 떼어 주었다. 그때는 자기 마음 같은 줄 알고 믿고 순순히 응했다. 나중에 독촉장이 와서 알아보니 지인이 빚을 안 갚은 것이었다. 독촉이 계속되자 남편은 집을 팔아서라도 갚자고 했다. 그녀는 5남매를 두고 그럴 수는 없다고 했다. 자신이 저지른 일이니 스스로 갚겠다며 산속으로 들어갔다. 토종벌 50통을 사서 관리하며 180통까지 늘려 혼자 관리했다고 했다. 보는 내내 나의 일인 양 한숨만 나오다가 25년 나의 아픈 과거 속으로 빨려 들어갔다.

진안군청에 근무할 때였다. 국가유공자 공법단체인 '월남전참전자회'의 진안지회 ㅁ 회장이 찾아왔다. 카센터를 운영하는 아는 동생의 어려움을 토로하며 보증을 서 달라는 것이었다. 이유는 물어보지 말고 해달라고 통사정했다. '사정이 뭔지 알아야 할 게 아닌가?'라고 다그쳤지만 허사였다.

ㅁ 지회장과는 그동안 무리 없이 지낸 사이였다. 가깝게 지낸 것도 아니었지만 서먹하게 지낸 것도 아니었다. 사무실도 내 직장과 걸어서 10분 거리에 있었다. 나를 찾아와 부탁한 것은 처음 일이었다. 카센터는 남광아파트 1동 큰 도로를 지난 모퉁이에 있었다. 멀지도 않은 거리인데 그 카센터 아우라는 사람은 아쉬운 게 있으면 함께 와서 부탁했어야 옳지 않았을까? 정작 본인은 오지 않고 타인에게 부탁한 것이 머리를 갸우뚱하게 하였다.

방문한 ㅁ 지회장에게 의자를 권하며 자초지종을 들어보니 사업 번창을 위해 영업장을 확장하는 데 자금이 필요하다 했다. ㅁ은 카센터를 운영하는 동생이 넣었다는 적금통장을 보여주었다. 그때는 대출 시 두 명의 보증인이 필요했는데 한 명은 이미 내 옆 부서의 동료가 해 주었다. 내키지 않았지만, 적금 대출이라 보증에 부담을 느끼지 않았고 찾아온 사람의 성의에 못 이겨 승낙했다.

그 일이 있고 난 뒤 한동안 잊고 지냈다. 어느 날 한 통의 등기

편지가 배달되었다. 급여를 압류한다는 내용이었다. 채무자가 갚지 않으면 보증인이 원금과 이자를 갚아야 한다고 했다. 황당했다. 일이 손에 잡히지 않았다.

난생처음 당하는 일이라 어떻게 해야 할지 고민만 늘어갔다. 보증을 함께 서준 동료에게 물어보니 나와 똑같은 심정이라고 했다. 창가에 앉아 밖을 보니 하늘이 노랬다. 그야말로 청천벽력이었다. 누구에게도 말하지 못하고 있다가 농협 관계자와 통화해 보았다.

채무자는 적금을 두 번 넣고 대출 후에는 납부하지 않았다고 했다. 기가 막힐 노릇이었다. 그 당시 나는 신혼 초로 급여도 적었다. 자녀는 둘이나 되어 어렵게 생활했는데 힘이 많이 부쳤다. 자고 나면 고민만 깊었다. 금융기관에서는 당사자가 안 갚으니 빨리 갚으라는 독촉 전화가 빗발쳤다. 당시 몇 달 급여액에 맞먹는 액수였다. 아내에게는 말도 못 하고 속만 타들어 갔다.

배신감에 부아가 치밀어 올랐고 내 오지랖을 자책하는 등 괴로움이 들끓었다. 매일 ㅁ 지회장을 찾아가 당사자가 빨리 갚을 것을 주문했다. 카센터에도 조석으로 찾아가 부채를 해결할 것을 독려했다.

하지만 법원에서 출두하라는 통지서가 날아왔고 결국에는 재판까지 갈 위기에 처해 울며 겨자 먹기로 두 보증인이 반반씩 맡아 갚기로 했다. 매월 일정 금액을 아내 몰래 갚았다. 가족 모르게 남의 빚을 청산하는 심정을 누가 알까.

ㅁ 지회장을 길에서 봐도 아는 체도 안 했다. 카센터는 잘 운영이 되는지 수시로 그곳을 지나가며 보곤 했다. 언젠가 잘 운영되면 갚겠지, 얼마나 어려우면 보증 서준 사람에게 칼을 꽂았을까 안됐다 싶다가도, 어떤 날엔 현실이 현실인지라 봉급쟁이 돈을 갈취하다니 이래도 되는가 싶어 별의별 생각이 들곤 했다.

그 무렵 아내는 내게 얼굴빛이 안 난다고 말하곤 했다. 혹시 어디가 아프냐고 물으며 아프면 병원에 가라고 다그쳤다. 그때마다 직장이 바빠서 그런다는 변명을 했다. 그 일이 있은 얼마 후 나는 승진하여 다른 부서로 옮겨 근무했다.

내 보증 사건과 관계는 없었지만, 직장에서 인감 보증을 서주는 걸 금지했다. 직장의 규칙으로 직원 간에도 일반 개인 간에도 엄격하게 적용했다. 진작 제도화되었으면 나 같은 피해자가 없었을 텐데. 그동안 얼마나 많은 인감 관련 사고가 있었으면 인사 부서에서 그런 규칙까지 정했을까? 말은 안 했지만 나 같은 사람이 많았었나 싶어 멍하니 창밖을 바라보았다.

화단에는 예쁜 장미들이 만발하였다. 의자에 앉아 속절없이 먼 산을 바라보며, 이제라도 이런 규정이 생겨 다행이라 생각했다.

2, 3년 매월 남의 빚을 갚을 동안 치미는 울화를 반감하려고 입금은 자동 이체하였다. 무심한 게 세월이라더니 드디어 그 기간도 끝이 났고, 5년쯤 지났을 때였다. 진안군민의 날 행사에서 배구 경기를 진행하고 있었다. 잠시 휴식 중에 전화벨이 울렸다.

받고 보니 카센터 주인이었다. 그동안 죄송했다며 이젠 카센터도 잘 운영된다며 계좌번호를 알려 달라고 했다. 언제 소주 한잔 산다며 약속 날짜를 잡아달라고도 했다. 지나간 옛일이 주마등처럼 머리를 스쳤다. 그날은 배구 경기 진행도 잘되었다. 종일 봉사했지만, 몸도 마음도 날아가는 기분이었다.

눈물 대신 악으로 깡으로 버티며 다른 사람이 모르는 고민 속에 토종벌로 많은 빚을 다 청산했다는 자연인 성이자의 삶은 감동의 드라마였다. 잠깐의 실수로 20여 년의 세월에 성한 곳 없이 산속에서 혼자 사는 억척 할머니의 모습을 보니 내 마음도 동일시되었다.

며칠 전 진안 구봉산 산악인 등반대회가 있었다. 천혜의 자연과 산세가 빼어나게 아름다운 곳이다. 4봉쯤 올라가는데 "어이 하 주사, 동생 아냐?" 하며 누군가 날 불렀다. 돌아보니 ㅁ지회장이었다. "동생, 미안해." 하면서 내 손을 꼭 잡았다. "볼 면목이 없네." 카센터 동생 보증 건을 두고 한 말이었다.

"괜찮습니다. 그때는 몹시 서운했는데 적금 넣어서 목돈 찾았는걸요. 사람은 좋은데 돈이 문제지요." 그동안의 묵은 감정을 구봉산 정상에서 씻어버렸다. 오랫동안 소원했던 관계도 그 자리에서 날려버렸다. 예전처럼 함께 산에서 내려왔다. 주변의 풍광이 그렇게 아름다울 수가 없었다.

우리 집이 산뜻해졌다

"오늘은 뭐해요?"

아내가 물었다. 반복되는 일과로 새벽 운동 뒤에 할일 없이 보내는 내가 못마땅한 모양이다. 눈치를 보니 밖에 있는 수도에서 물이 뚝뚝 떨어지고 세면대 주변 바닥이 깨져 고쳤으면 하는 것 같았다.

퇴직 후 처음엔 하고 싶은 일도 많았다. 등산도 하고 좋아하는 테니스 운동도 마음껏 하고 그동안 못 만난 친구도 만났다. 잠도 실컷 잤다. 그런 날들이 몇 달쯤 지나갔다. 아내는 처음엔 관심도 주고 정성으로 응대해주었다. 하지만 갈수록 짜증을 내는 횟수가 많아졌다. 슬슬 아내 눈치가 보이기 시작했다.

어느 날 무작정 대문을 열고 나가는데 잘 색칠된 주택들이 눈에 들어왔다. 저녁 모임이 있어 나갔다. 건설사업을 하는 친구가 대화 중 건축 도장 자격증을 따보라고 권했다. 자격증을 가지면 실생활에 많은 도움이 된다고 했다. 이 분야에 문외한이지만 내심 자격증을 갖고 싶은 욕심이 생겼다.

다음 날, 전북건축학원에 등록하였다. 이론과 실습을 병행하는 과정이다. 전 과정을 마칠 무렵 한국산업인력공단에서 시행하는 실기시험에 응시하였다. 나름대로 최선을 다했지만, 감독으로부터 오작이라는 판정을 받아 시험장을 뒤로하고 나왔다.

그동안의 노력이 물거품이 되어 돌아오는 내내 허탈했다. 작업용 도구도 창고에 내팽개쳤다. 다시는 하지 않겠다는 각오였다. 그 뒤 친구로부터 전화가 왔다. 단번에 합격은 어려운 것이라며 자신도 몇 번 떨어졌었다며 끈기를 갖고 도전하라고 응원했다.

용기를 내어 다시 학원에 등록하였다. 몇 달 뒤 6시간 동안 치르는 실기시험에 도전하여 뚝뚝 떨어지는 땀을 닦으며 힘겹게 마쳤다. 그런 뒤 한국산업인력공단에서 합격했다는 알림 톡이 왔다. 온종일 구름을 타고 하늘을 나는 듯 즐거웠다.

어느 날 건지산 산행을 마치고 내려오다 주택을 증 · 개축하는 가정을 보았다. 실내는 거의 마무리되고 주택 외벽을 도색하는 중이었다. 쉬는 틈을 이용하여 우리 집 도색 견적을 요청했다. 깔끔하게 단장된 집을 볼 때마다 욕심이 났었다. 많은 돈을 들여서 추진하기에는 형편상 부담이 되어서 미루고만 있던 참이었다.

우리 집은 지은 지 20여 년이 넘었다. 그러나 그동안 집에 크게 관심을 두지 않았다. 나 살기 편하면 그만이라는 생각이었다. 그렇게 살다 보니 벽면이 지저분하고 색이 많이 바랬다. 사람이 살고 있어서 거미가 주인이 되지 않았을 뿐 겉은 빈집 같았다. 금방 폐허가 될 수도 있다는 생각이 들었다. 살면서 한 번도 돌보지 않고 지내왔으니 주택이 말을 한다면 무어라 했을까.

KCC 페인트 가게에서 공구와 기자재 수성 · 유성페인트, 로라, 붓, 비닐, 테이프, 철제 솔, 자동 에어브러시, 시너(희석제)를 샀다. 내 몸에 화장하는 심정으로 먼저 철솔과 그라인더로 대문 주변을 열심히 솔질하였다. 색칠할 곳 바닥에 비닐을 깔았다. 낡고 닳은 부분을 닦고 수성페인트로 칠했다. 처음 시작은 어설펐다.

2주에 걸쳐 혼자 쉬엄쉬엄 작업하였다. 내 집을 내 손으로 매만지니 한층 뿌듯했다. 앵두나무, 감나무와 장미꽃들도 곁에서 응원하는 것 같았다. 이웃집 어르신도 고생한다고 용기를 주며 힘을 주었다. 층별 구분하여 백색과 회색으로 칠했다. 집 주변을 둘러보며 다른 집과 비교도 해보았다. 한 부분만 완성했는데도 새집 같았다.

“수고 많이 하셨어요.” 2층 모서리 완성된 부분을 보며 아내가 말했다. 저녁엔 특별메뉴를 준비하겠다고 했다. 아내는 그동안 내가 직접 하겠다고 했을 때 반대했다. 극구 어려운 일을 하느냐며 믿을 수 없는 마음을 에둘러 표현했다. 자격증을 취득한 뒤 처음 한 작업이었다. 어려움이 있었지만, 말끔히 단장된 집을 보니 자부심이 생졌다.

어느 날 농장에 모정을 가지고 있는 분으로부터 전화가 왔다. 모정 도색을 주문하였다. 강렬한 햇빛을 한몸에 받으며 일했다. 땀을 비 오듯 흘렸다. 산뜻한 색상이 다 입혀지니 주변 푸른 잎들이 더욱더 강하게 한들거렸다. 우화동 마을 경로당 도장 도배 봉사활동도 다녀왔다. 피곤하지만, 좋아하는 어르신들을 보니 마음은 흐뭇했다.

자격증 취득한 덕을 톡톡히 보고 있다. 이제 조금씩 실력을 인정받는 것 같아 기뻤다. 외출에서 돌아올 때마다 마음이 흐뭇하다. 내가 도색한 작품이다.

깨끗하게 색칠된 집을 보면 뿌듯하다. 알뜰하게 옷을 갈아입은 집을 보면 내 마음조차 산뜻해진다.

조강지처의 추억

운전 중 라디오를 켜니 현대그룹 고 정주영 회장이 1976년 에콰도르에 포니 5대를 처음 수출했을 당시 상황이 흘러나왔다. 문득 생사고락을 함께했던 나의 첫차 포니2가 떠올랐다. 결혼 후 장만한 포니2는 중고차지만 처음 내 이름으로 소유했던 차다.

1987년, 그해는 유난히도 눈이 많이 오고 추웠다. 진안읍사무소에서 승진하여 백운면으로 자리를 옮겨 갔다. 그 당시 이사 갈 형편이 안 돼 오토바이로 출퇴근을 했다. 그러다 보니 무릎이 시리고 얼굴이 트고 몸이 피곤했다. 장한평 중고차 시장을 찾았다. 다섯 살 먹은 포니2가 맘에 쏙 들었다.

현대 포니는 1975년, 포니2는 1982년 영업용으로 운영되었다.

그이전인 1960년 최초의 택시로 일명 '시발(始發: 처음 만들어졌다는 뜻)택시'가 있었다. 그 차가 가격 면에서 괜찮고 튼튼하다 하여 마음에 더 꽂혔다. 포니2는 그날부터 나와 첫 동행자로 인연을 맺게 되었다.

막상 차가 있지만 장롱면허인지라 한가한 시골길에서 운전 연습을 했다. 처음엔 도로보다 차 안이 넓어 보였다. 집에서 20km 떨어진 직장까지 출근길은 설렘의 연속이었다. 차창 밖 풍경을 바라보는 것만으로도 가슴이 탁 트였다. 백미러로 멀어져가는 풍경을 엿보며 드라이브를 만끽하는 여유도 부렸다.

고향인 은천마을에 갈 때는 초보라 거북이처럼 느림보 운전을 했다. 당시 매일 출퇴근했던 백운면 길은 비포장도로였다. 나의 애마는 늘 흙먼지를 뒤집어쓰곤 했다. 퇴근 후에는 냇가에서 자동차를 씻으며 신이나 휘파람을 불기도 했다. 큰애를 냇가에서 씻기는 것처럼 신이 났다.

첫나들이로 처가댁인 무주 안성으로 향했다. 아내와 시장에 들러 선물을 한 꾸러미 사서 장인 장모님을 찾아뵙고 돌아오니 마음이 그렇게 좋을 수가 없었다. 평소 근엄했던 장인어른이 주름을 펴고 활짝 웃으셨다. 주말에는 부안 격포로 향했다.

채석강을 둘러보며 꿈에 그리던 격포 해변 길을 걸었다. 그날 먹었던 회와 매운탕 맛은 일품이었다. 돌아오는 길에 내소사에 들러 산사도 둘러보고 전나무 길도 거닐었다. 당시 동료들은 오토바이로 출퇴근을 했다. 때는 어려운 시절이었다. 6월 항쟁이 있었고, 대통령직선제 개헌 등이 포함된 6 · 29선언을 쟁취한 시기였다.

자가용으로 출퇴근하다 보니 주변의 시선이 따갑게 느껴졌다. 청렴해야 할 공직자가 자가용을 운전하고 다닌다는 소문이 퍼져나갔다. 옆 직원이 군청 감사부서에서 주시하고 있다고 귀띔해 주었다. 심정이 많이 위축되었다. 1년쯤 지나가니 다른 동료도 차를 샀다. 이후로 자가용 가진 동료들이 늘어갔다. 슬슬 자가용에 대한 편견이 사그라졌다.

봄철에는 산불이 많이 났다. 산불 취약지를 순찰할 때는 동료들과 함께 동행하였다. 산불 신고로 급할 때는 동료들을 태우고 불난 현지로 신속히 달려갔다. 또한 담당하는 마을의 어르신이 휴게소에 있을 때는 수시로 자가용으로 집에 모셔다 드리곤 했다.

자가용을 이용하여 처가에 가는 횟수도 늘어났다. 가끔 처제들을 태우고 함께 나들이도 했다. 7남매의 장녀인 아내의 위신도 세워줬다. 집안에 크고 작은 일 있을 때마다 장모님은 큰딸, 큰사위와 의논하였다. 셋째 처제의 시부모를 만나는 상견례 때 장인, 장모님을 모시고 갔다.

아버님이 우리 집안의 큰사위라고 소개했다. 매사 사위를 자랑스러워하시던 그분, 지금은 돌아가시고 안 계신다. 색시가 고우면 처가의 외양간 말뚝에도 절한다고 했다던가. 장인 장모님을 늘 가까이서 뵐 수 있었던 것은 포니2 덕분이었다.

숨이 가쁠 때도 있었다. 작은아들의 출산이 임박했을 때 일이다. 예정일이 많이 남았었는데 아내는 낌새가 이상하다고 했다. 처음엔 진통이 한 시간 간격으로 오다가 빨라졌다. 바로 아내를 태우고 40km를 달려 산부인과에 입원시켰다. 다행히 임신 초기부터 다니던 병원이라 안심이 되었다. 밖에서 기다리며 그저 간절히 순산만 바랐던 일이 주마등처럼 떠오른다.

나이 먹은 차를 갖고 있다 보니 가끔은 심술을 부렸다. 1991년 겨울에는 유달리 눈이 많이 내렸다. 폭설로 운행이 몹시 어려웠다, 제설작업이 제때 이뤄지지 않아 빙판길이 곳곳에 도사리고 있었다.

황새 모퉁이를 지나 싸리 고개를 천천히 내려오던 중 브레이크를 밟다 보니, 갑자기 차량이 180도 회전한 후 절벽 반대쪽으로 쭉 밀려 부딪치며 처박혔다. 차에서 내려 아래를 내려다보니 까마득한 절벽이었다. 다행히 앞뒤에서 차가 오지 않아 대형 사고는 간신히 면할 수 있었다.

포니2는 차량 범퍼가 파손되었으나 몸은 다행히 경상이었다. 수리비가 생각보다 많이 나왔다. 자동차를 수리해서 타야 하나 팔아야 하나 고민이 되었다. 현대 포니2를 5년 동안 타다 보니 언제부턴가 병원에 가는 일이 잦아졌다.

고민 끝에 정들었던 포니2를 폐차했다. 만감이 교차했다. 차는 가족은 물론 처가댁에서도 인기가 많았다. 담당 마을 주민들과 동료들에게도 사랑받았던 애마였다. 간간이 지나가는 포니2 자가용을 보면 지난 시절이 떠오르곤 했다.

한동안 다른 차를 사지 못하고 망설였다. 진자리 마른자리 함께 한 포니2는 나의 조강지처였다. 그 후 지금까지 여러 자동차를 데리고 살아봤지만, 처음에 조마조마하며 살았던, 산전수전 함께 겪어낸 조강지처가 가장 애틋하다. 처음 인연을 맺은 조강지처는 오래오래 나의 삶에서 기억될 것이다.

깜박깜박 건망증이 심하신가요

아내가 직장에 가면서, 세탁기에 빨래를 넣었으니 세탁이 끝나면 빨래를 밖에 널어달라고 부탁했다. 나는 TV를 보면서 건성으로 알았다고 했다. 「아침마당」, 「무엇이든지 물어보세요」 프로에 한창 빠져 있는데 전화벨이 울렸다. 맛있는 점심을 먹으러 가자고 했다.

무료하던 차에 잘됐다 싶어 콧노래를 부르며 나갔다. 모처럼 친구와 즐거운 시간을 보내고 돌아왔다. 아내가 퇴근할 때까지도 아내의 부탁을 까마득히 잊고 있었다. 아내 얼굴을 보면서야 생각이 났다. 아차!

얼마 전에는 영화관에 들어가면서 휴대전화를 진동으로 바꾸지 않아 민망한 적이 있었고, 가족끼리 식사 후 식당에 휴대폰을 놓고 왔다가 황급히 찾으러 간 적도 있었다. 나이 들어가는 현상이라고는 하나 너무 심하다 싶었다.

어느 날, 모 병원 정신과를 찾아 의사와 상담했다. 건망증이 심해 혹 치매로 이어지지 않을까 걱정이 되었다. 마음은 아직 한창때라고 자신하는데 내가 제어할 수 없는 어떤 면들이 자꾸 노화되는 것만 같다. 건망증은 나이와는 무관하다며 다양한 사람에게 나타날 수도 있고 특별한 원인이 없다고도 했다.

모든 것을 건성건성 듣고 대충 처리하는 습관이라고 했다. 깜박깜박하는 이유는 집중력의 저하, 우울증, 디지털 관련 다중 작업이 원인일 수도 있다고도 했다. 이것은 자연스러운 현상으로 일상적인 영향일 수 있다고 안심을 시켜주었다.

그래도 안심이 안 되어 퀴즈 코리아에서 건망증 테스트를 해봤다. 동영상으로 6분가량 소요되었다. "순간순간 깜박깜박 건망증이 심하신가요. 나이가 든다고 해서 무조건 건망증이 심해지는 것이 아니고 순간 기억력을 사용하지 않아서 건망증이 점점 심해집니다. 오늘 잠자던 뇌가 깨어난 쾌감을 한번 느껴 보면 어떨까요." 라고 했다.

여러 명이 함께 게임하듯이 풀면 뇌를 더 자극하게 되고 더 재미있다고도 한다. 12개 문제를 푼 후 여러분의 건망증 수준을 확인해

보라고 제시했다. 자, 시작합니다. 아리따운 목소리가 영상을 보고 답을 해 달라고 했다.

1. 바구니 안에 놓아둔 것 무엇인가요? 정답은 핸드폰입니다.

(…)

12. 건망증 테스트 문제입니다. 앞에 나온 사람이 물건을 둔 곳은 어디인가요? 12번을 맞힌 사람은 지극히 정상이고 못 맞춘 사람은 뇌 운동을 더 활발히 해야 한다고 조언한다.

테스트를 마치고 나니 왠지 마음이 울적해졌다. 검사를 하면서 중간중간 내가 벌써 이렇게 되었나 하는 서글픈 생각이 들었지만 끝까지 참여했다. 질문은 단순했다. 찾는 문제였다.

두 번째는 색을 구분하는 문제였다. 일정 시간이 되면 지나가 버려 빠른 판단을 요구했다. 많은 문제의 정답을 찾지 못했다. 다행히 마지막 문제는 그 물건을 놓았던 장소를 물었는데 기억이 났다. 안내자는 지극히 정상이라고 손을 흔들며 엄지손을 치켜올렸다.

며칠 후 동갑내기들 모임 후 집에 돌아와 청바지를 벗으려는데 이상한 예감이 들었다. 호주머니를 확인했다. 있어야 할 지갑이 없었다. 그때부터 내심 당황하며 가방을 뒤져보았다. 주차된 차로 가서 문을 열고 의자와 바닥을 살펴보았다. 아무리 찾아봐도 있어야 할 지갑이 없으니 난감했다.

지갑에는 주민등록증을 비롯한 운전면허증 각종 신용카드 등이 있는데 어떡하나 머리가 하얘졌다. 다행히 식당 주인에게서 연락이 와서 찾았지만 십 년 감수했다.

아내의 눈총을 받으며 빨래를 정성스럽게 널었다. 그날 점심에 먹은 맛난 음식보다 아내의 핀잔에 배가 더 불렀다. 내 나이 먹어 보라고 농을 쳤지만, 아내의 단호한 답은 핑계라고 했다. 건망증 때문에 아내에게 받은 신뢰 점수가 좀 낮아졌다. 세월에 순응하는 과정이려니 생각했지만, 왠지 서글퍼지는 저녁이다. 더이상 건망증이 도지지 않기를 간절히 바라본다.

인생은 배구공이다

스포츠 TV 채널에 눈을 고정했다. 여자 배구 월드컵 경기 중계 방송 중이다. 일본 도마야 체육관에서 국제배구연맹FIVB 주관으로 한국 여자 배구 대표팀과 강호 아르헨티나 팀 경기가 진행되고 있었다. 세계 랭킹 9위인 한국 대표팀은 김연경 선수를 비롯한 선수들이 혼연일체가 되어 파이팅을 외치며 경기하는 중이다.

양 팀에서 서로 승리하기 위해 한 포인트를 쟁취할 때마다 심판은 무척 힘들겠다는 생각이 들었다. 경기의 정확한 판정을 위해 주심이 직접 비디오 판독을 요청하는 자체 비디오 판독이 도입됐기 때문이다. 오래전 일이 생각났다. 배구 심판 자격증을 따기 위해 도전한 적이 있다.

배구가 좋아 열심히 운동하다가 욕심이 생겼다. 정확히 규정을 알고 운동을 하는 것이 좋을 것 같았다. C급 초급 심판 자격을 취득하고, 4년 뒤 A급 심판 자격증도 취득했다. 배구 운동의 기본과 이론을 공부하고, 심판의 자세와 게임 운영 요령을 실습했다. 심판대에 올라 호루라기를 불며 하는 손동작도 배웠다.

배구는 9명이 팀을 이뤄 운동하는 경기다. 배구 경기의 진수는 '스파이크'다. 스파이크 성공을 위해서는 높은 점프와 힘을 바탕으로 강력한 볼을 상대편 코트에 때려 넣어야 한다. 운동하는 당사자나 밖에서 경기를 보는 사람 모두의 마음을 통쾌하게 한다. 상대방으로부터 넘어오는 공 리시브나 토스를 협동으로 잘하여 상대방을 무너뜨리는 통쾌함은 경기의 매력이지 싶다.

경기는 6인제와 9인제가 있지만 공식 경기에서는 대부분 6인제로 치러지고, 9인제는 주로 생활체육에서 행해지고 있다. 10여 년 전부터 진안배구 동호회에 가입하여 활동했다. 진안 문예체육회관에서 1주일에 두 번씩 저녁에 모여 운동을 했다. 동호인들은 낮에는 생업에 종사하고 밤에 연습과 게임을 했다.

지금이야 다양한 종목의 취미생활을 할 수 있지만, 지난 시절엔 유독 배구를 많이 즐겼다. 학교에서는 1종목 운동을 육성한다는 방침으로 학생들에게 배구를 가르쳤다. 중학교 1학년 때 일이다. 은천마을 친구들과 선인사옥마을 친구들이 사옥마을 숲에서 새끼줄을 묶어놓고 시합했던 기억이다. 음료와 빵 내기였다. 배구는 건

전한 학생들의 놀이였다.

마령면에 근무하면서도 상하반기 유관 단체기관 화합 계획을 수립하여 기관 간 협조와 화합을 위해 주도했다. 오후 2시에 모여 학교 운동장을 활용했다. 배구, 400m 이어달리기, 2인 삼각 달리기, 엿 먹고 달리기 노래자랑 등 다양했다. 그때도 배구가 최고였다.

성수면에서 근무했을 때도 성수면 관내 청년들을 모집하여 배구 클럽을 만드는 데 주도적으로 임했다. 외궁초등학교 교장실을 방문하여 체육관 사용을 요청하여 승낙을 받았다. 그분은 배구를 안 한 지가 오래되었지만 본인 역시 배구를 좋아한다며 가끔 함께 참여했다.

1주일에 두 번 운동을 했다. 인근에 있는 임실군 관촌면 배구팀과 정기적으로 시합도 했다. 진안체육회장배 배구 대회에도 출전하여 3위라는 우수한 성적을 올렸다. 군민의 날 체육 행사에도 성수면민의 사기를 북돋는 데 힘을 보탰다.

면민 화합을 위해서는 배구가 운동의 꽃이라는 것을 알았다. 운동 뒤 술과 음식을 겸한 마무리는 선수들에게 자존감을 심어주기에 충분했다. 면민의 화합을 이루는 역할로 배구가 제일이었다. 그때 성수면 체육관에서 배구 시합 중 부딪쳐 넘어지는 바람에 무릎을 심하게 다쳤다. 한동안 다리에 깁스하고 목발을 짚고 다녔다. 그 이후로 배구와 결별했다. 그래도 가끔은 심판을 봐주었다. 3개월 동안 운동은 하지 못하고 절룩거리면서도 체육관에 다녔던 기억도 난다. 그만큼 나는 배구를 좋아했다.

진안군 배구클럽은 청양 전국 배구 대회, 여수 전국시니어 남녀 배구대회, 고흥 대회, 완도 장보고 배 대회, 남원 대회, 진안 홍삼배 대회 등 여러 대회에 출전했다. 대부분 지자체에서 축제 시 배구 대회를 유치한다. 지역경제에도 보탬이 되었다. 박진감 넘치는 경기에 동호인들의 단합도 잘되어 참여도 많이 했다.

지금 생각해보면 배구 심판 자격증을 취득하길 잘했다는 생각이 든다. 동호인들은 물론 참여 선수와 함께 운동하면 화합도 되고 개인 실력도 향상된다. 다른 지역에서 개최되는 시합에 출전할 때는 그곳에서 동호인들과 숙박하며 어울려 지내니 인간관계 형성엔 최고였다.

어느 날 까마득히 잊었던 한국 시니어 실버 배구연맹에서 집으로 트로피가 왔다. 지난 2019년 6월 제1회 완도 장보고배 생활체육 전국 남녀 배구 대회에서 받은 상이었다. 당시 시상식에서 장보고부 감독상을 받았는데 감독상 알림판과 상장만 받아 왔었다.

모든 경기의 승패는 둥근 배구공처럼 돌고 돈다. 오늘 승리한 팀이 내일은 패한 팀이 되기도 한다. 배구공은 세상을 둥글게, 모나지 않게 살아가라는 뜻을 담고 있다고 생각한다. 혼자가 아니라 여럿이 화합하고 배려하며 소통하고 지내라는 뜻이다. 운동도 인생도 주어진 여건에 따라 최선을 다하면 된다는 이치를 배구공을 보면서 되새겨본다.

어화둥둥 '아름이'

3년 전 작은아들이 갑자기 복실 강아지를 보듬고 집에 왔다. 집 대문을 열고 현관에 내려놓았다. 쏜살같이 다가와 꼬리를 흔들며 몸에 안겼다. 친구 누나가 잠시 집을 비우게 되어 개를 3일만 봐달라고 했단다. 아들은 사정하며 이해를 구했지만, 개에 대한 징크스가 있는 데다가 대변이나 소변 걱정이 되고, 내심 불안하여 빨리 갖다주라고 타일렀다. 작은아들은 3일만 있다가 돌려주겠다고 했다. 할 수 없이 3일만 그렇게 하기로 약속했다.

3일 동안 작은 생명이 안쓰럽고 걱정되어 사료도 주고 물도 주었다. 아침저녁으로 운동을 시키고 목욕도 시켰다. 재롱을 부리며 하는 짓이 무척 귀여웠다. 대소변을 구분할 줄도 알고 저를 예뻐하는 줄 알고 좋아라고 꼬리까지 흔들었다. 당장 갖다주라고 했던 마음은 어디 가고 예쁜 마음이 일어났다. 삼 일 후 반려견을 누나가 찾는다고 연락이 왔다.

짧은 시간 쌓은 정도 정이라고 막상 보내려니 서운했다. 작은아들에게 며칠만 더 데리고 있으면 안 되냐고 누나한테 물어보라고 했다. 그런 계기가 되어 한 가족이 된 '아름이'는 몰티즈 종이다. 동물병원에 위탁 등록하고 돌아왔다. 그 뒤 아름이는 3년째 탈 없이 잘 지내고 있다.

아름이 운동을 시키기 위해서 우리 가족은 매일 날씨에 대해 민감하다. 새벽부터 먹구름이 드리우더니 비가 내렸다. 일기예보에선 장마가 시작되었다고 한다. 비가 오면 걱정이 더 생긴다. 가족이 된 아름이가 아침 운동을 갈 수 없기 때문이다. 요즈음 반려견을 키우는 사람들이 많아졌다.

젊은 세대는 취미로 반려동물을 기르기도 하고, 노인 세대는 외로움을 달래고자 반려동물을 친구삼아 함께 지낸다. 가족이 된 '아름이'의 원산지를 찾아보았다. 지중해 몰타섬이 고향이란다. 그 지명을 따서 몰티즈 즉 우리말 발음으로는 '몰티즈'라고 한다. 소형견으로 성질이 순하며 앙증맞은 외모와 애교 넘치는 성격, 흰 털로 주인을 잘 따르고 애교가 만점이다.

아름이의 운동은 아내가 도맡았다. 아침저녁으로 아내는 아름이

와 함께 집에서 멀지 않은 전북대학교 운동장까지 운동한다. 직장 일까지 하느라 피곤한 아내는 운동을 좋아하지 않았는데 아름이 운동을 시키기 위해 꾸준히 운동했다. 가끔 다리를 만지며 튼튼해 졌다고 한다.

아름이 덕분에 건강해지니 기분이 날아갈 것 같다고 한다. 그 덕에 두 해 전 부부 모임에서 중국 황룡 구체구 관광여행을 잘 다녀오기도 했다. 남들은 오래 걷기 힘들어했지만, 아내는 거뜬히 잘 따라다녔다. 중간에 저녁 쇼를 보고 나오다 넘어져 발목 부상으로 고생을 하기도 했지만….

지난해 가을, 아침 운동 후 샤워를 하고 거실에 나와 보니 문이 지긋이 열려 있었다. 아름이가 없어졌다. 마당 주변을 찾아보았지만 보이지 않았다. 불길한 예감이 들었다. 아내와 함께 집 주변과 잘 갔던 곳을 돌아보았지만 찾을 길이 없었다. 모래내 파출소에 신고하니 애완견 관리소를 안내해주었다.

그곳에도 신고를 해두었다. 아름이의 재롱부리는 모습이 떠올라 마음이 조급하고 어떻게 해야 할지 걱정이 태산이었다. 혹 누구한테 끌려가 잘못되지 않았나 별의별 생각이 다 들었다. 잠시 후 애완견 관리사무소에서 연락이 왔다. 사진을 보니 아름이였다. 먹지 못해 초췌하고 핼쑥해 보였다. 너무 늦은 시간이라 다음 날 아침 일찍 그곳에 가서 찾아왔다. 잘못 관리한 나의 실수로 고생한 아름이에게 미안할 뿐이다.

우리 집은 반려견으로 인해 항상 웃음꽃이 핀다. 한 번 잃을 뻔해 돌아온 탕자처럼 더 반기고 돌보며 생활했다. 그 뒤 여름용 옷도 사서 입혔다. 아름이로 인해 가족이 함께할 수 있고 더 건강도 함께 다질 수가 있었다. 몰티즈 종인 아름이, 내 사랑 귀염둥이 내 곁에 오래도록 있어 주기를 바랐다.

은천초등학교 5학년 때의 일이다. 대부분 집집마다 개를 키웠고 우리 집에도 누렁개를 키웠다. 논이나 밭에 가면 유독 잘 따랐다. 저녁에 누가 찾아오거나 인기척이 나면 파수꾼 역할을 톡톡히 잘했다. 그런데 여느 날 작은형 친구가 찾아와 개를 사 간다고 했다.

그 소릴 듣고 어린 마음에 팔지 말 것을 아버지께 간곡히 말씀드렸지만, 이미 약속했다고 한다. 학교에서도 개가 마음에 걸려 공부는 뒷전이었다. 학교에서 돌아오니 개를 끌고 가는 것이 아닌가. 안 가려고 발버둥치는 개를 멀리서 바라보았다. 목줄에 끌려가며 발버둥치고 뒤로 버티는 모습을 보며 몹시 눈물이 나왔다.

어린 마음에 밤에는 이불 속에서 많이 울었다. 그 뒤 안 일이지만 개를 하천가에 있는 다리로 끌고 갔다는 이야기가 들렸다. 학교 갈 때나 돌아오면 마중나와 달려드는 모습이 한동안 머리를 짓눌렀다. 그 뒤 개에 대한 부정적인 생각이 마음에 내재되어 개를 키우지 않았다.

비 온 뒤 땅이 더 굳어진다는 말이 있다. 반려견을 잃어버린 사연, 파수꾼 같은 역할을 잘한 그를 팔아서 시름도 많았지만, 시간이 많이 흘러서인지 요즈음은 아름이의 재롱 덕분에 얼굴이 환하게 펴지는 때가 많아졌다. 아내는 아름이를 보면 무척 행복해한다.

자연과 동물에 대한 사랑은 함께 부대끼면서 커가는 것 같다. 이웃에서 시끄러워할까 봐 노심초사다. 그래서 나는 아름이를 교양있게 조용조용 대화해 달라고 부탁하곤 한다. 이웃들에게 왕따당하고 싶진 않기 때문이다. 개에 관한 속담을 알아보았다.

'똥 묻은 개가 겨 묻은 개 나무란다.'라는 말이다. 제 허물은 모르고 남의 작은 허물을 들어 시비한다는 뜻이다. '개똥도 약에 쓰려면 없다.'라는 속담은 보통 때 흔하던 물건도 필요해 찾으면 드물고 귀하다는 뜻이다.

이 밖에도 '개 눈에는 똥만 보인다.', '도둑을 맞으려면 개도 안 짖는다.', '개 팔자가 상팔자'라니 사람인 나도 개가 부럽다. 예로부터 개는 사람과 친한 동물이어서 그와 관련된 속담이 많은가 싶다.

숲이 가르쳐준 희망

긴급재난문자가 하루에도 열 번 이상 온다. '삑'하는 소리가 길게 울릴 때면 깜짝 놀라곤 한다. '코로나19 환자가 또 발생했나?' 긴장의 연속이다. 봄부터 시작된 코로나19가 한때 잠잠해지더니 요즈음 급속도로 확대되는 추세다. 불안한 마음에 앉았다 하면 TV 뉴스에 눈이 간다. 각종 모임도 취소했다.

마스크 착용이 가장 효율적 예방책이라니 최선을 다할 수밖에 없다. 유일한 낙은 집으로 답지하는 수필집을 읽고 메일 속 작가의 글을 읽으며 자신의 미숙함을 돌아보는 일뿐이다. 코로나19로 세상은 분명히 바뀌었다. 생활 패턴의 변화로 오래된 인생 자동차가 사거리 신호등에 걸려 멈췄다.

돌아보니 그동안 내 삶은 사통오달로 순탄했다. 더 빨리 더 쉽게 갈 수 있는 길을 택하여 달려왔다. 공무라는 외길로 한 길을 달렸다. 제2의 삶에서는 작물의 진심을 배웠고 과수원에서 상생을 배웠다. 그동안 진안군의 고마움에 보답하고자 봉사를 시작했다.

진안군선거관리위원회 위원, 군정 소식지 소통위원, 진안군수 공약사항 이행 배심원, 진안애향운동본부 이사 그리고 재전진안읍 향우회 수석부회장, 『진안신문』 독자위원, 진안문화원 이사로 봉사하고 있다.

필요한 자격증 취득을 위해 몸살을 앓았고, 삶의 기본인 인성인문예절을 이수했다. 나는 매일 색다른 소풍을 하는 중이다. 느끼는 감정은 다르지만, 그제도 어제도 오늘도 어김없이 새로운 하루를 맞이한다. 코로나19로 인해 신호등에 걸린 일상에서 할 수 있는 유일한 활동은 걷기운동이다.

오늘은 가을을 보내기 싫어 어둠이 가시기 전 건지산에 올랐다. 촉촉한 물기가 땅을 적셨다. 어제 저녁 천둥 번개가 번쩍였다. 새벽녘 소로를 따라 걷는데 산 위로 영롱한 무지개가 떠올랐다. 구름 사이로 빨주노초파남보 일곱 무지개가 참 아름다웠다.

아내에게 보여주고 싶어 스마트 폰을 연속 눌렀다. 오늘은 좋은 일이 있을 것 같은 예감이다. 어릴 때 살았던 고향 마을에서 무지개를 따라 친구들과 함께 목골의 산 너머까지 달려갔던 기억이 떠오른다. 건지산 편백나무는 피톤치드 물질을 내어준다. 상수리나무는 상수리를 내주어서 묵을 먹을 수 있게 도와준다.

숲속은 마음의 거울이다. 명상 속에 나를 비춰주고 북돋아주며 반성과 성찰로 새로움을 그리게 하는 곳이다. 산길을 걷다 보면 나무들의 속삭임이 들리고 다람쥐의 빠른 몸돌림 따라 눈도 마음도 빨라진다. 까치들도 노래하며 곁에서 동무가 되어 준다.

산길은 오르막과 내리막을 지나야 정상에 도달할 수 있다. 높은 산에 오른 뒤에야 삶의 존재를 알 것만 같다. 산 위에서 내려다보면 인생살이는 단풍과 같다는 생각이 든다. 세상에 첫울음을 터뜨리듯 나무도 푸른 새싹의 시기를 지나가고 있다. 부모의 사랑을 받으며 몸집을 불리고 생각을 키우듯 나무는 키를 높이고 수많은 이파리를 달고 성장한다.

인생 풍파 속에 청년기, 장년기, 노년기를 거치듯 나무도 노년의 단풍을 매단다. 온 산야의 나무들이 단풍으로 물들어가는 모습에 감탄의 연속이다. 내 노후도 잘 살았다고 박수를 받을 수 있을까? 혼자 상념에 잠기는 사이 나뭇잎이 떨어져 바람에 흩어졌다.

떨어진 잎들이 때론 발에 밟히고 차에 치여 가루가 될 것이다. 그러나 봄에는 새싹의 자양분이 되어 다시 한 그루 나무로 숲을 이룰 것이다. 우리의 삶도 곧 일상을 회복할 것이다. 답답한 마스크를 벗고, 깜짝 놀라게 하는 긴급 재난 문자를 받는 일도, 차라리 그리운 날로 올 것이다. 숲이 가르쳐준 희망으로.

제 5 부

괜찮아질 거야

구름재 박병순 생가에서

구름재 박병순 선생은 진안의 대표적인 시조 시인이다. 시조의 생활화로 겨레 문학을 꽃피우신 분이기도 하고 선생은 잡지 『현대문학』에 「금만경」, 「생명」, 「철창 일기」 등을 발표하며 시조 시인으로 명성을 쌓았다. 선생은 가람 이병기 시조 동인회를 조직하고 한국 시조 문학 중흥의 기틀을 다지는 산파역을 했다는 평을 받고 있다.

춘당 박종수, 김성녀의 맏아들로 1917년 12월 23일 전라북도 진안군 부귀면 세동리에서 탄생하였으며 2008년 12월 3일에 서울 자택에서 92세를 일기로 별세하였다.

그분을 만나기 위해 구불구불한 모랫재 도로를 달렸다. 어찌나 굽이치는지 푸른 하늘을 비행하는 것 같았다. 숲이 우거지고 녹음이 짙었다. 모래재 터널 앞에서 잠시 쉬었다. 온 길을 돌아보니 시원한 마파람이 얼굴을 스쳤다. 멀리 보니 산들이 겹겹이 쌓인 한 폭의 한국화다.

3년 전 부귀면 세동리에 구름재 박병순 선생 생가가 조성되었다. 구 모래재 가는 도로변에 생가 표지판이 있다. 글공부에 전념하다 보니 구름재 박병순 선생의 생애와 작품세계에 대해 궁금증이 생겼다. 그분을 만나러 가는 날은 경칩으로 봄이 성큼 다가온 날이었다.

따사로운 봄볕에 마음도 한층 나들이하고 싶어졌다. 부귀면 세동 메타세쿼이아 가로수길을 달렸다. 모래재 휴게소부터 조성된 길은 3km나 된다. 잠시 고원길에 들어섰다. 생가 표지판이 눈에 들어왔다. 약속이 있든 없든 보고 싶은 사람을 만나러 갈 때 느끼는 마음은 다른 것 같다.

그립고 설레는 마음으로 입구에 들어섰다. 초가지붕이 정갈하게 입혀져 있었다. 뒤란에는 새싹들이 뾰족이 머리를 올려 꿈틀거리고, 옆에는 무궁화 나무들이 푸릇하게 서 있었다. 푸른 소나무도 가지를 내밀었다. 오른쪽 정각은 선생을 뵈었으니 쉬어가라는 듯 편안했다.

여유 있게 앉아 담소하며 자연과 그분의 생애를 돌아보고 시조를 음미하라는 신호를 보냈다. 그분의 넓은 품 같았다. 이미 두 팀이 방문하여 돌아보고 있었다. 시인은 다가와 웃으면서 찾아온 이들에게 고마움을 표하는 것만 같았다. 오직 한평생 시조와 함께 길을 걸으며 무궁한 겨레의 가슴 가슴에 불씨가 되었다.

죽는 날까지 노력을 멈추지 않았던 그분을 가슴 깊이 그려본다. 석양의 노을은 양털구름을 잿빛으로 물들였다. 세동길 메타세쿼이아 가로수길을 걷는 내내 문학을 꿈꾸던 소년이 되었다. 좋아하는 작가일수록 마음이 더 가까이 간다. 현장에서 가이드의 설명을 들었으면 더 좋았겠지만, 가이드가 부재중이라 가슴으로 느낄 수밖에 없었다.

생가를 둘러보고 몇 편의 시를 읽으면서 작가를 조금이라도 공감할 수 있었다. 돌을 깎아 만든 마이산 모양의 시비에 선생의 「봄눈」이란 시가 새겨져 있었다.

눈이 탐스럽게 내린다
흰나비인 양 춤추며 내린다
밀 보리 쏟아지신다신 가람 스승님 생각도 나고
어린 맘 절로 신이 나서 덩달아 춤을 춘다
경칩이 엊그젠데 봄눈 탐스럽게 내린다
보리 풍년도 까마득한 옛이야긴
촌색시 봄 손님 맞은 듯 괜스레 가슴 설렌다

\- 구름재 박병순 「봄눈」

많은 시 중 왜 「봄눈」이라는 시를 비에 새겼을까. 봄에 내리는 눈이니 얼마나 반가울까. 존경하는 스승님 생각도 나고, 어릴 적 천진했던 시절도 그려보고, 촌 새악시처럼 가슴 설레는 마음을 표현한 시. 어쩌면 봄눈 안에 선생의 다숩고, 천진한 인품이 담겼을 것 같다는 생각을 해보았다.

주인 없는 생가의 외로움을 무궁화와 정자가 달래주고 있는 성싶다. 위로하듯 은행나무가 우뚝 서 있다. 가로등도 지키고 있다. 외롭지 않도록 낮에는 자고 밤에는 저녁 내내 불침번을 서서 생가를 지키고 있으니 고마울 뿐이다.

구름재 박병순 시인의 생가를 둘러보며 행복한 하루를 보냈다. 왠지 문학적으로 좀더 깊어진 것 같은 기분이다. 어제보다 글을 더 잘 쓸 수 있을 것만 같다.

덕진공원의 부활

플라타너스 가로수 잎이 바람에 나부낀다. 새벽이슬이 걷히지 않은 시간이라 걷는 내내 맑은 기운으로 마음이 시원하고 여유롭다. 평소 같으면 덕진체육공원 테니스코트에서 테니스를 신나게 할 텐데 요즈음 코로나19로 일상이 묶여 불편하다.

생활방식이 바뀌어 쌓인 스트레스를 풀기 위해 매일 걷기운동으로 하루를 시작한다. 오늘은 전주 시민이 즐겨 찾는 전주가 자랑하는 덕진공원으로 향한다. 덕진 연못은 고려 시대에 형성된 자연 호수이다.

지난 1978년 전주시민 공원으로 조성되었고 약 4만 5천여 평이

나 된다. 습지가 잘 유지되어 자연환경과 인간이 함께 공존하는 삶의 지혜를 주는 곳이다. 1.3km에 이르는 연못 둘레에 산책로가 조성되어 있다. 주변의 아름다운 풍광에 눈이 호사하고 명상의 시간도 이루어지니 일거양득이다.

예전에는 이곳에 올 때마다 흔들거리는 연화교를 건너며 여유를 부리곤 했었다. 봄, 가을에는 음악분수 쇼를 했다. 아내와 함께 밤바람을 맞으며 한참 동안 감동에 젖곤 했다. 물과 빛과 음악이 어우러진 모습은 화려한 밤바다를 연상케도 하였다.

사시사철 가고 싶은 어머니 품속 같은 덕진공원이다. 소박한 연꽃에 반하고 넉넉한 푸른 연잎의 모습에서 삶의 여유를 배우곤 한다.

우린 1980년대 중반에 진안 네거리 새한예식장에서 꿈에 그리던 결혼식을 했다. 신혼여행을 떠나기 전 이곳 전주 덕진공원을 산책하며 아내와 함께 결혼생활에 대한 밑그림을 그렸었다. 넓은 연잎의 넉넉함을 배우기 위한 새신랑의 계획이었다. 덕진공원에 들어갔다. 공원의 모습은 얼마 전의 모습이 아니었다.

연화교가 동강나고 연꽃도 지고 주변이 어수선했다. 공원이 몸살을 앓고 있었다. 석축의 돌들이 여기저기 흩어져 앓는 소리가 났다.

걷는 내내 마음이 편하지 않았지만, 길옆 백일홍의 반가운 인사를 받으며 마음을 다독였다. 다른 꽃들은 다 졌지만, 우리를 기다리기라도 한 듯 남은 화사한 꽃이 눈부셨다.

연못가에는 창포가 꿋꿋함을 자랑하듯 곱게 자랐다. 새벽녘 논병아리가 떼를 지어 노니는 모습은 공사 중인 연못에 어울리지 않게 여유로웠다. 연꽃은 졌지만 넓은 잎들이 만든 그늘에서 잉어가 무리를 지어 다니는 모습이 한층 풍요롭게 보였다.

코로나19로 모임을 금지하고 있으니 물속에서 노니는 잉어 떼가 부럽기까지 했다. 비둘기도 여봐란듯이 삼삼오오 떼지어 다니고 있다. 인기척을 해도 제 할일만 한다. 이른 시간 활동하는 새들에게 부지런함을 배울 수 있다. 자연은 모두가 스승이다.

취향정과 함께 늘어진 왕 버드나무는 수령이 200년이란다. 절로 머리가 숙여진다. 덕진 연못의 오월 단오 행사나 역사를 잘 알고 있으리라. 나무 몸체는 할퀴고 옹이가 졌다. 수많은 태풍과 비바람을 견디어 왔으니 대견하다. 취향정의 풍경은 가히 절경으로 한 폭의 그림이다.

서쪽으로는 '청백리 법조인의 성지'가 있다. 우리 고장은 청백리의 요람이요, 법조 3인의 성지다. 3인의 동상 앞에 서니 자부심이 느껴진다. 그 앞을 소나무와 제비꽃이 함께 지키고 있다.

각종 조각 작품이 주변과 어우러져 아늑하다. 전국 온고을 미술대전 작품들이다. 일그러진 내면적 초상, 「갖은 곳 그 자리」라는 작품이 인상적이었다. 요즈음 불안한 현실과 불투명한 미래를 반영한 녹록지 않은 현실을 말해주는 것 같다.

조금 걷다 보니 아름다운 연화교를 시민의 품으로 돌려주겠다는 안내문이 있다. 장마가 무려 두 달 가까이 계속되어 걱정이다, 어서 장마가 그치고 더 아름다운 덕진 연못으로 변신해주면 좋겠다. 아름다운 전통 문화도시에 걸맞은 연인의 사랑 이야기를 담아보면 어떨까 하는 기대도 해본다.

새벽이 닫히고 아침이 열리고 있다. 이른 시각 꽃창포와 연꽃이 많은 덕진 연못을 돌아보니 가히 자연의 보고요, 전주 시민들의 안식처임을 알겠다. 어서 공사가 마무리되어 더 새롭고 아름다운 덕진공원의 모습을 볼 수 있기를 바라본다.

몽골의 슈바이처

대암 이태준 기념 공원은 울란바토르 가까운 곳에 있었다. 입구에는 이태준 선생 기념 공원이란 팻말이 국기와 함께 새겨져 있다. 안으로 들어가니 정돈된 정원의 파란 잔디 위에 그분의 기념비가 있었다. 외국 사람의 이름으로 만들어 놓은 기념 공원은 몽골에서 이곳이 유일하다고 한다.

기념관에서 그분의 지난 일대기를 꼼꼼히 둘러보았다. 독립운동할 목적으로 몽골에 갔지만, 의사인 이태준은 몽골인들이 처한 의료 현실을 외면할 수가 없었다. 라마교의 영향이 커서 병에 걸리면 기도나 드리고 주문이나 외우는 등 미신적인 치료법만 알고 있던 몽골인에게 근대적 의술을 펼친 이태준의 성과는 매우 높았다. 후

레라는 도시에 '동의의국同義醫局'이라는 병원을 개설하여 당시 몽골 내 만연했던 감염병을 치료하고 몽골 마지막 황제인 보그드 칸Bogd Khan의 주치의로도 활동했다. 몽골인들의 7, 8할이 감염되었던 화류병 花柳病이라는 성병의 퇴치에 지대한 공헌을 한 '까우리高麗 의사' 이태준은 고륜 일대에서는 모르는 사람이 없을 정도였다.

몽골인들은 그를 존경한 나머지 이태준을 신인神人이나 극락세계에서 강림한 여래불如來佛을 대하듯 했다. 그의 헌신적인 의료 활동이 알려지면서 몽골인들은 그를 신의神醫로 떠받들기 시작했다. 현재까지도 현대 의학을 몽골에 전달해 준 아버지라 칭송하고 있다.

이태준은 인술을 베풀어 당시 몽골에 만연해 있던 질병을 퇴치한 결과 1915년 보그드 칸의 명령으로 몽골 최고 투스멜 직위와 함께 에르데닌 오치르-귀중한 금강석-라는 명칭의 국가 훈장을 받았다. 중국 상해에서 몽골 고륜으로 귀행 도중 잠시 북경에 머물던 이태준 선생은 그곳에서 의열단 단장인 약산若山 김원봉金元鳳을 만나 의열단에 가입하고 그 비밀 활동을 지원하였다.

의열단은 1919년 11월 단장 김원봉을 필두로 한 13명이 신흥무관학교 출신 인사를 중심으로 만주에서 조직한 무장 독립운동 단체다. 당시 의열단 단원들이 사용한 폭탄은 질이 좋지 않아 불발되거나 단원들의 목숨을 앗아가는 등 손실이 컸기 때문에, 김원봉은 폭발력이 큰 폭탄을 제조할 수 있는 뛰어난 기술자를 수소문하던 중이었다.

이에 이태준은 자신의 자동차 운전기사였던 마자르가 뛰어난 폭탄 제조 기술자임을 알고 김원봉에게 소개했다. 그리고 다시 북경에 올 때는 헝가리 출신 애국 청년 마자르를 데려오겠다고 약속했다. 마자르 역시 약소국 청년으로서 조선의 항일 독립운동에 전폭적인 지지를 보내고 있었다.

그가 질이 우수한 각종 폭탄을 성공적으로 제조함으로써 의열단은 더 효과적으로 항일투쟁에 착수할 수 있었다. 또한 그는 의열단의 폭탄 운반에도 참여하였다. 그의 도움으로 제조된 폭탄들은 황옥 경부 사건, 김시현 사건을 비롯한 무장투쟁의 파괴 공작에 활용되었다.

조국의 독립을 간절히 원했던 청년들이 독립운동가로서 험난한 삶을 살았던 것을 영화 「밀정」을 통해서도 알 수 있었다. 2016년 김지운 감독 작품이다. 영화의 소재는 항일 무장단체 의열단 황옥의 경부 폭탄 사건이다. 주인공은 일본 고위 관료와 친일파들이 대거 참석하는 연회장에 잠입해 임무를 완수한다.

애국 청년 폭탄 제조 기술자 마자르의 활동 장면도 눈에 선하다. 영화 속에서는 1920년대 초반을 배경으로 상하이에서 폭발물을 가져와 서울의 주요 일제 시설을 파괴하려는 저항군과 이를 막으려는 일본 경찰 사이에서 펼쳐지는 첩보 활동이 그려진다.

마지막 장면의 한 대사가 떠오른다. "우리는 실패해도 앞으로 나아가야 합니다. 실패가 쌓여서 그 실패를 딛고서 앞으로 더 전진하고 더 높은 곳으로 나아가 올라서야 합니다." 이태준의 삶과 죽음은 모두 항일 독립운동과 연결되어 있었다. 독립군 무관학교를 건설하겠다는 꿈을 안고 독립운동 자금 운송을 떠맡은 것은 자신의 목숨과 조국의 독립을 맞바꾼 일이었다.

의사로서 몽골 인민들의 존경과 신뢰를 한몸에 받았음에도 현실에 안주하지 않고, 항일 독립운동 전선에 자신의 모든 것을 내던졌다. 스스로 의열단에 가입했고, 러시아에서 조직된 우리나라 정당인 한인사회당 비밀 당원으로 활동하면서 독립 자금의 운송에도 참여했다.

당시 이태준 일행은 러시아 백위파 장군 운게르의 몽골 침입에 따른 혼란 상황에 대비하여 자금을 나누어 운송하기로 하였다. 우선 1차분 8만 루블은 고륜, 장가고, 북경을 거쳐 1920년 초겨울 상해로 성공리에 운반하였다. 그러나 이태준은 나머지 2차분 4만 루블을 옮기다가 피살되었다.

일본군과 내통하고 있던 러시아 백군에 의해 1921년 38세의 젊은 나이에 이국땅에서 생을 마감한 것이다. 그의 죽음은 처연하지만, 항일 독립을 향한 치열한 삶 앞에서는 절로 숙연해진다. 그때는 지금보다 살기가 더 어렵고 모든 게 불편했을 텐데 여러 나라를 종횡무진하며 의술을 통해 조금씩 모은 자금으로 독립투쟁을 지원하였다니 대단하다.

그는 항일 애국지사로 몽골의 수도 울란바토르에서 조국의 독립을 위해 목숨을 바쳤다. 울란바토르 보그드칸 산 남쪽 기슭의 기념공원을 돌아보고 나오면서 나도 모르게 가슴이 뭉클해졌다.

이역만리 몽골에서 애국 투사로서 활동한 그는 몽골인의 가슴에 영원히 존경하는 사람으로 남아 있다. 그는 우리의 애국지사이지만 몽골인들은 그를 몽골의 슈바이처라고 부르고 있다.

내년에는 백두산으로

– 초등 동창 한라산을 오르다

한라산에 가기로 했다. 1,950m 한라산 등반에 도전하기 위해 매일 새벽마다 건지산에 올랐다. 그동안 테니스로 단련은 했지만, 뛰거나 걷는 운동과는 다를 것이라는 생각이 들어 1주일 내내 하체 다지기 운동을 했다.

드디어 제주도 여행 날이 도래했다. 전주역 앞에서 관광버스에 올랐다. 버스는 목포항을 향해 새벽, 어둠 속을 질주했다. 제주도 여행을 여러 번 다녀왔지만, 초등학교 동창들 12명이 함께해서인지 더 설레고 흥분되었다.

진안과 전주에 흩어져 사는 동창들은 금세 초등학생으로 되돌아갔다. 그 시절 말썽꾸러기, 코흘리개 소년 소녀가 되어 잊을 수 없는 추억들로 이야기꽃을 피웠다. 어느새 버스는 목포항에 도착했다. 퀸메리호에 탑승한 우리는 지정된 방에 머물렀다.

비행기로 제주도에 갈 때는 발아래 보이는 것이라곤 바다와 구름뿐이었다. 그런데 배를 타고 가노라니 갈매기와 파도가 손에 잡힐 듯하고, 희미하게 보이는 섬들도 함께하니 배 타는 재미가 쏠쏠하기 이를데 없다. 폐쇄된 비행기 공간과는 다르게 가끔 갑판에서 푸른 바다를 볼 수도 있고, 영화도 게임도 안마도 할 수 있었다.

식당도 이용하고 둘러앉아 술도 마시며 정을 나눌 수 있으니 참으로 사람 냄새 물씬 나는 여행이라는 생각이 들었다. 제주에 도착하여 사전 등반 연습 삼아 500m 높이의 새별오름 탐방에 나섰다. 매년 제주 들풀 축제가 열리는 곳이다.

갈대숲에 그간 쌓였던 마음의 찌꺼기를 버리고 시원한 바람과 함께 걸었다. 석양 노을의 아름다움을 만끽하며 카메라로 인증사진도 찍었다. 갈대가 바람에 흔들리며 운치를 더해주는 제주도의 첫날이었다.

둘째 날 이른 아침, 산행하기 위해 숙소를 나서며 온전히 마음을 모아 이동하는 차에 올랐다. 차창 밖 멀리 보이는 게 한라산이다. 공석진 시인의 「산행」이 생각났다.

산이 그리워/ 산에 오른다./ 겨우내 뻥 뚫린 가슴/ 독아 毒牙 같은 꽃샘바람이/지나가고 나서야// 봄의 가슴 불 지르는 진달래는/ 바위의 무심함을 탓하고/ 좀체 속내를 드러내지 않는/ 산의 무심함에 나도 속상해/ 덩달아 눈 흘기는데// 한 발 한 발/ 다가설 때마다/ 산은 부끄러운 듯/ 한 섬 한 섬/ 앞가슴을 풀어헤친다.// 봉우리에 올라서야/ 산은 제 숨은 속살을 다 보이고/ 온통 연분홍으로 뒤덮은 바다/ 진달래 위험한 향기에 취해/ 바위도 어쩔 수 없이/ 몸을 허락한다.

창밖 이색 풍경이 눈에 부시다. 한라산이 그리워 속살을 보기 위해서 오른다. 오전 9시에 750m 높이의 한라산국립공원 입구에 도착했다. 일정은 성판악을 출발하여 관음사로 내려오는 코스다.

오른쪽 무릎이 약한 편이라 걱정이 되었다. 출발하면서부터 내심 뒤처지면 낙오된다는 생각으로 선두에 서니 군산에 사는 영애 동창이 나란히 걸어주어 큰 힘이 되었다. 울긋불긋한 단풍 숲속을 걸을 때는 따뜻한 햇빛이 힘내라고 토닥여 주는 것 같았다.

보면 볼수록 풍광의 매력에 빠져 절로 흥이 솟았다. 길옆 참나무와 산죽의 싱싱함이 고산지대임을 느끼게 한다. 단풍이 곱게 물들어 절정을 이루었다. 가파른 길을 올라갈 때는 양손에 들고 있는 지팡이의 덕을 보았다. 걷다가 힘들면 쉬다가 또 걸었다.

본격적인 급경사지인 사라오름부터는 정말 힘들었다. 진달래밭에서 땀을 식히며 에너지를 충전했다. 산을 오를 때 정상만 바라보면 힘들어 가끔 올라온 길을 내려다보면서 걸었다. 한 발 앞만 보며 올라갔더니 나무 계단과 함께 파란 하늘이 눈에 들어온다.

내려오는 사람들도 얼마 남지 않았다며 힘내라고 격려해 주었다. 산을 좋아하는 사람치고는 나쁜 사람 없다는 말이 실감난다. 주변을 보니 구상나무가 비바람에 시달려 앙상한 고목으로 서 있고 그 사이로 멀리 서귀포 앞 푸른 바다까지 보인다.

계단에서 내려보는 아름다운 대자연은 한없는 멋진 한 폭의 수채화다. 산 아래 흰 구름은 정말 아름다웠다. 발아래 구름이 둥실 떠 있었다. 정상에 올라가니 거센 바람으로 몸을 가누기 힘들었지만 장엄한 백록담의 모습과 정상에 이른 감격은 이루 말할 수 없었다.

친구들과 함께 '한라산 백록담' 표지석 앞에서 인증사진을 찍었다. 정말 뿌듯한 순간이었다. 올라오는 동안 죽을 만큼 힘들었던 순간들이 기쁨으로 둔갑했다. 백록담을 배경으로 인증사진 찍기는 계속되었다. 바위 능선으로 둘러싸인 곳에는 울타리를 세워놓아 통제하고 있었다. 등산객들의 안전을 챙기는 세심한 배려였다.

분화구의 바닥에는 물이 조금 고여 있었다. 고산지대인 정상에는 많은 등산가가 인산인해를 이루었는데, 이곳에는 육군사관학교 학생들이 화랑정신을 이어받으려고 현장학습 차 올라왔다. 우리 일행은 등반한 사람들 틈바구니에 서서 제주도 대자연을 만끽했다. 구름 한 점 없는 좋은 날씨에 한라산 정상에서 조망하는 제주의 푸른 바다는 말 그대로 은빛으로 물든 아름다운 수채화였다.

올라오면서 보았던 고산 지역의 단풍도 장관이었다. 성판악에서 속밭 대피소까지는 거의 평길로 사라오름 입구부터는 가파름의 시작이다. 진달래 대피소에서 백록담까지는 여간 힘들고 어려움도 많았다. 10년 전에도 이곳에 왔었지만, 지금 이 자리에 다시 서니 감개무량했다. 하산은 관음사 쪽으로 가기로 하였다.

언제 또다시 오를 수 있을까? 아쉬움을 뒤로하고 우리는 발걸음을 옮겼다. 내려오는 백록담 아래 전경 또한 아름다웠다. 굽은 탐라계곡 다리를 건너오다 백록담 물이 여과되어 나오는 샘물을 마시니 온몸에 시원한 기운이 솟았다. 내려오는 길은 돌과 통나무로 되어 있어 미끄러웠다.

가져간 지팡이에 의지하며 조심조심 걷다 보니 오후 6시가 훨씬 지났다. 내려오면서 엉덩방아를 두 번이나 찧었다. 다행히 목적지인 관음사에는 어둠이 내리기 전에 도착했다. 여자 동창들도 발걸음을 재촉하다 여러 번 넘어졌다고 하였다.

아무런 사고 없이 동창들 모두가 무사히 하산하였다. 이번 한라산 등반은 힘들었던 만큼 더 큰 보람으로 기억에 남을 듯하다. 이 추억을 가지고 앞으로 일상에 최선을 다해야겠다. 세계자연유산으로 등재된 제주도는 천연기념물과 관광자원이 참 풍부하다. 이야기로도 풍부한 한라산 등반을 마쳤으니 동창들과 오래오래 추억을 간직할 수 있을 것 같다.

한라산을 등반한 동창들의 눈빛이 반짝였다. 차내에서 여자 동창 유영애가 내년에는 백두산으로 가자고 제의하자 모두가 박수로 응답했다. 산에는 아름다움이 있고 조망이 있으며 성취가 있다는 것을 다시 확인하는 계기가 되었다.

산은 높고 크므로 높은 곳에서는 멀리 내다볼 수 있고 부분이 아닌 전경을 볼 수가 있어서 더할 나위가 없다. 그리고 산의 인내를 배우고 산의 침묵을 배울 수가 있다. 이번 산행은 나를 되돌아볼 수 있는 계기가 되었다.

괜찮아질 거야

그동안 우리는 '코로나19' 라는 바이러스 균의 엄포에 서로가 몸을 낮추었다. 죽을 수도 있다는 악성 바이러스에 떨며 우리 모두 힘을 합해 통제에 협조하고 웅크리며 견뎌냈다. 되도록 외출을 삼가고 집 안에서 지냈다.

모임과 각종 행사와 평범한 일상, 여행은 당연히 제한되고 거리두기로 우리의 생활이 완연히 뒤바뀐 세상을 살아가고 있다. 말동무는 오로지 TV뿐이었고 생활의 어려움도 가중되어 갔다.

운전 중 라디오에서 흘러나오는 경쾌한 음악 소리는 하루의 기분을 좌우한다. 거리 두기 제한이 해제된 날이다. 방송에서도 기쁜 소식을 전한다. 그러나 마스크는 2주 뒤 야외부터 해제하고 실내는 그때 가서 상황을 보아 벗는다고 한다.

이 소식을 들은 친구들도 나만큼 답답했던 모양이다. 친구들로부터 모임을 하자는 전화가 빗발쳤다. 모두 쾌재를 부르고 있다. 마스크를 벗어던지고 집밖으로 뛰어나오는 모습이 그려진다. 일제 압박에서 해방된 날의 기쁨에 비한다면 과장일까.

코로나19는 직장이나 친구들의 모임을 많이 바꾸어 놓았다. 얼마 전 직장 친구로부터 전화가 왔다. 그동안 함께했던 모임을 정리했다는 이야기였다. 코로나19에 갇혀 지내는 동안 모임을 하지 못하다 보니 서로 관계가 소원해지고 모임에 대한 열정도 식어 정리했단다.

직장에 있을 때부터 모임을 시작하여 오랜 기간 이어왔는데 서로 아쉬움이 많았다고도 한다. 세월이 흐르다 보면 모임도 하나하나 정리해야 할 날이 올 것은 당연하겠지만, 코로나로 인해 어거지로 정리된 것이라 아쉬움이 클 것 같았다.

지난 6개월 전에도 고향 선후배들로 구성된 15년 된 모임이 해체되었다. 2년 넘게 모임을 하지 못하니 회원들의 모임에 대한 부정적인 생각이 깊어져 탈퇴하는 회원이 늘어났다. 또한 불의의 사고로 생을 달리한 회원도 있었다. 회원들 간에도 얼굴을 보지 못하니 틈새가 벌어지고 불신이 깊어졌던 모양이다. 임원진에서 회원들의 뜻에 자동이체되는 회비 통장도 해지하고 정산 후 마무리하였다.

코로나19 바이러스가 지구를 정복했다. 2여 년 동안 코로나19

팬데믹은 세계적인 재난으로 인류가 직면한 '현대문명의 위기' 상황이었다. 적당한 망각은 인간을 행복하게 한다. 괴로움이나 미움, 고통스러운 기억들만 잊을 수 있다면 얼마나 좋을까.

그러나 그 망각이 슬프고 힘든 기억만 선택할 수 없다는 데 문제가 있다. 행복했던 기억까지 버려야 한다면 얼마나 슬픈 일일까? 『문학의 숲을 거닐다』의 「생명의 봄」에서 솔로몬 왕자는 "그 반지에 '이것 역시 곧 지나가리라.'라고 새겨 넣으십시오. 왕이 승리감에 도취해 자만할 때, 또는 패배해서 낙심했을 때 그 글귀를 보면 마음이 가라앉을 것입니다."라고도 하였다.

모든 삶의 과정에 영원한 것은 없다. 견딜 수 없는 슬픔, 고통, 기쁨, 영광과 오욕의 순간도 어차피 지나가게 마련이다. 모든 것이 회생하는 봄날에 새삼 생명의 귀중함을 생각해 본다. 생명이 있는 한, 이 고달픈 질곡의 삶 속에도 희망은 있다는 말이리라.

중요한 것은 일상이 회복되어 삶이 소중하다는 것을 요즈음 거듭 느낀다. 이 세상은 그런대로 살 만한 곳이라고, 좋은 친구들이 있고 선의와 사랑이 있고 용서와 너그러움이 있는 곳이라고 믿는다. 그래서 세상 사는 것이 만만치 않다고 생각될 때, 나는 내 마음속에서 작은 속삭임을 듣는다. '조금만 참아, 이제 다 괜찮아질 거야.'라는.

분노를 넘어

얼마 전 『한국일보』에서 조정래의 대하소설 광고를 보았다. 문학에 관심 있는 사람이라면 꼭 읽어야 하는 도서로 생각되어 신청했다. 작가정신의 승리, 한국문학의 쾌거, 조정래 문학의 강은 오늘도 흐른다. 『아리랑』 12권, 『태백산맥』 10권, 『한강』 10권이다. 제일 먼저 『아리랑』을 구매해 읽고 있다.

몇 년 전 재직 시 맡은 업무 중 임업 소득에 관심이 많아 충남 공주에 있는 산림 아카데미의 문을 두드렸다. 전국에서 산림 소득에 관심 있는 분들이 함께 주말마다 배우고 전국으로 우수한 현장을 돌아보곤 했다. 그 이후로 동창회를 구성하여 운영되고 있다.

몇 개월 전 상반기 현장학습으로 군산 근대문화유적지에 간다는 소식이 들렸다. 『아리랑』을 읽고 있던 참이라 군산 근대문화유적지에 간다니 설레고 궁금하여 잠을 이루지 못했다. 인터넷으로 사전 검색도 해보았다. 총 12명이 관광차로 서울, 대전에서 함께 차를 타고 군산으로 오고, 나는 전주에서 출발하여 합류했다.

군산대학교 학생인 문화해설사의 설명을 들으며 근대 문화유산의 역사 속 탐방을 시작했다. 소설의 바탕이 된 지역에서 우리 민족의 처절했던 삶과 역사를 생생하게 볼 수 있으니 행운이라는 생각이 들었다.

해설사의 해박한 소개로 그 시대의 실상을 피부로 느낄 수 있었다. 군산은 북남으로 강이 흐르고 서쪽으로는 바다가 접한 지리적 특성으로 무역항구로서 완벽한 지역이었다. 그만큼 외부의 침입이 쉬운 곳이기도 하였다. 그래서 일제강점기 호남평야 곡물의 직접적인 수탈 현장이 되기도 했다.

군산 근대사 여행은 근대 문화유산 거리가 조성된 해망로 일대에서 시작된다. 예전에 이곳은 장미동으로, 장미藏米는 꽃이 아니라 '쌀을 저장하는 마을'이라는 뜻이다. 일제는 군산항을 호남지역에서 수탈한 쌀을 일본으로 실어 가기 위한 거점으로 삼았다. 장미동이라는 지명은 일제가 우리 쌀을 수탈했다는 증거다.

근대 건축관을 방문했다. 군산의 건축물뿐만 아니라 군산의 일제강점기 현실들을 자세히 보여주었다. 옛 '조선은행'은 식민지 개

발을 위한 자금조달 목적으로 일제의 경제 수탈을 바로 보여주는 건물이다. 강점기에 한국의 경제 수탈을 목적으로 세웠다고 하니 기가 막힐 노릇이다.

개항 이전의 군산과 개항 직후의 사진도 있고, 전시관은 금고실과 지점장실, 응접실 등으로 구성되어 있었다. 2층에는 쌀가마니를 지게에 지고 있는 농민들이 일본 경찰에게 수탈당하는 장면도, 1926년 쌀가마로 쌓은 출항 기공 사진도 걸려 있었다.

우리에겐 깊은 상처이자 씻을 수 없는 아픈 역사이다. 근대 역사교육도시 군산답게 그 당시의 현장을 보존하고 있어서 정말 다행이라고 느껴졌다. 토요일이라 그런지 학생들이 한복 차림으로 돌아보는 모습도 보였다. '전국 최대의 근대문화 도시, 군산', 군산으로 떠나는 시간 여행 도중에 사적으로 등록된 군산세관도 보았다.

「8월의 크리스마스」 촬영지였던 초원사진관, 고우당 쉼터, 일본의 건축양식이 고스란히 보존된 히로쓰가옥의 정원도 둘러보았다. 맛있는 간장게장이 일품인 한주옥에서 오찬을 하며, 고우당이란 찻집이 있는 근처 공원도 돌아보았다.

요즈음엔 가장 가깝고도 먼 나라 일본 관련 뉴스가 TV를 도배한다. 그동안 일본의 움직임과 경제 보복을 보면서 분노를 금할 수 없었다. 우리나라를 백색국가에서 제외했다. 그동안 튼튼한 경제를 쌓았는데 문제가 없을지 점검도 해야 한다. 전 국민이 이번 기회에 똘똘 뭉쳐 저력을 보여줘야 한다. 우리의 생활에 일본 제품이 깊숙이 파고들었으니, 우리가 할일이 무엇인지 스스로 반성해야 한다.

군산 근대문화유적지에 다녀온 후 조정래의 『아리랑』을 더 깊이 진지하게 읽고 있다. 일제강점기에 우리 민족이 당했던 수난과 설움에 마음이 아팠다. 우리가 어떻게 해야 할지 스스로 반성과 각오를 하게 되었다. 나부터 반성하고 일본 제품 불매 운동에라도 동참하리라 다짐한다.

한때는 주변에서 많이 운영되고 있는 다이소 불매 운동에 참여했지만, 지금은 불매 운동도 미미하다. 종류도 다양하고 가까이 있어 편리성을 추구하다 보니 이용되고 있어 나 스스로도 목이 멘다.

많은 사람이 역사를 돌아보고 애국하는 마음으로 제2의 광복운동을 펼쳤으면 좋겠다고 생각했다.

수돗물

저녁 식사를 하다가 아내가 불쑥 말을 던졌다.

"주방 싱크대 수돗물을 잠가도 한 방울씩 떨어지는데. 집안일에 관심 좀 가져주고, 수도도 좀 당신이 고치면 안 될까요?"

청유형 어투를 사용했지만 내용에는 제발 집안일에 관심 좀 가져 달라는 은근한 핀잔으로 들렸다.

다음 날 수도꼭지 새는 것을 방치하면 수도료를 과하게 납부할 수도 있을 것 같고, 아내의 말을 무시하는 것으로 비칠까 싶어 부품 가게를 찾아갔다. 그곳에서 수돗물이 새는 원인과 교체 방법을 배웠다. 수도 계량기를 잠그고, 부속품을 교체했다. 방울방울 떨어지던 수돗물이 멈추었다. 부품 하나 교체했을 뿐이지만, 뚝뚝 떨어지던 수도를 고치고 나니 자신감이 생겼다. 즉각 물 빠짐이 시원찮은 세면대도 손을 보았다. 손재주 없는 사람이 이런저런 일을 해결하는 모습을 보던 아내의 입이 귀에 걸렸다.

수리한 수도꼭지를 틀었더니 물이 쏴 쏟아졌다. 시원하게 쏟아지는 수돗물을 보니 수돗물의 원수 공급지인 용담댐에 가보고 싶어졌다.

다음 날 아내와 편안한 복장으로 길을 나섰다. 전주 시민들은 용담댐 물을 수돗물로 마시고 있다. 전주에서 1시간 거리에 있는 용담댐은 주변을 관광지로 개발하여 많은 사람이 찾는 곳이기도 하다. 걷기에도 좋고, 자연경관이 수려해 힐링하기 좋은 곳이다.

전주에서 부귀면을 지나 정천면 모정리와 용담면 호계리를 지나면 용담댐 용담호에 다다른다. 용담호에서 마이산으로 이어지는 드라이브 코스는 환상이다. 용담호사진문화관에 들어갔다. 다큐멘터리 사진작가 이철수가 용담댐 공사 시작부터 완공 때까지 6년간 용담댐 수몰 지역을 누비며 촬영한 사진을 전시하고 있었다.

그리고 한쪽엔 수몰민들 삶의 흔적이 고스란히 담긴 유물들이 전시되어 있었다. 삶의 터전을 잃고 정든 고향을 떠나야 했던 수몰민들의 애환이 느껴졌다. 용담호 주변의 아름다운 산야와 은빛 물결이 넘실거려 눈이 부셨다. 용담호가 있는 곳은 진안의 북부권 지역으로 1995년부터 3년간 근무했던 제2의 고향이다. 용담댐을 지나

송풍리 삼락리 도로를 달리니 만감이 교차했다. 안천면 소재지 망향의 동산에 올라가 살펴보았다.

소재지 주변 상보마을, 하보마을, 안천시장, 안천초등학교, 안천중고등학교, 우체국, 안천교회, 안천병원 등이 모두 물에 잠겼다. 건물들은 흔적도 없고 보이는 것은 출렁이는 물뿐이다. 예전에 이곳 면사무소에서 근무했다. 안천면은 5대 성씨가 주류를 이뤘다. 김 씨, 정 씨, 한 씨, 허 씨, 황 씨. 예전에 노성리 하보 뒷산에 올라 방송하면 다 들린다고 농담 섞인 말도 주고받던 정겨운 곳이다.

용담댐 수변구역 물안개와 파란 물결 위로 올라온 나뭇가지들의 모습이 애잔하게 보였다. 여름철 보건소 직원들과 함께 승금마을 냇가에서 물놀이할 때 여 팀장을 장난치며 물에 풍당 빠트렸던 기억이 떠올랐다. 그 외 숱한 추억들이 지금은 용담댐 물속에 갇혀 있다.

용담댐은 전국에서 다섯 번째로 큰 다목적댐이다. 금강의 본류를 막아 전주권의 식수와 생활용수로 쓴다. 1992년 11월에 착공하여 2001년 준공하였다. 용담댐 담수 과정에서 고향을 가슴에 묻고 떠나야 했던 지역민의 애환이 서린 망향의 동산 탑을 둘러보았다.

2001년 댐과 함께 21.9km의 도수터널이 완공, 담수가 된 뒤 고산발전소를 통해 만경강으로 유입된다. 고산정수장에서 금강물을 받아 정수하여 전북의 전주, 익산, 군산, 김제, 완주, 군산 산업단지, 충남의 금산, 서천의 한산면, 기산면, 장항읍에 물을 공급하고 있다.

그동안 가뭄에는 해마다 식수와 농업용수 걱정을 했지만, 용담댐으로 인해 요즈음은 물 걱정 없이 살고 있다. 군산의 섬 선유도까지도 용담댐 물 급수를 추진하고 있다. 진안군과 용담댐에 감사한 마음이다.

물 쓰듯 한다는 말이 있지만, 지금은 물 한 방울도 아껴 사용해야 한다. 뚝뚝 떨어지는 수돗물을 보면서 수몰민의 애환도 느껴본다. 한 방울의 수돗물 속에는 많은 사람들의 희생과 배려가 녹아 있다는 것을 다시 한번 되새겨본다.

지구촌 한가족

새벽에 인천 국제공항으로 향했다. 인천에서 대한항공을 타고 몽골에 도착했다. 서늘한 기온이 온몸을 휘감았다. 한국은 한여름인데 이곳은 초가을 날씨다. 일정에 따라 첫 출발지로 향했다.

몽골은 중앙아시아 내륙에 있는 독립국이다. 면적이 대한민국의 15.6배가 넘는다. 13명이 한팀이 되어 7박 8일 동안 돌아보는 일정이다. 타국에서 밤하늘의 별을 감상하는 일, 넓은 푸른 잔디에 유목 생활, 전통 게르 생활, 나담, 칭기즈칸 출생지 등 방문할 것을 생각하니 무척 설렜다. 푸른 잔디의 초원은 마치 지평선이 그림처럼 펼쳐졌다. 언덕 등고선의 선명한 선과 호수 그리고 융단처럼 펼쳐진 꽃들이 환호하는 우리를 반겼다. 간간이 방목하는 가축의 무리도 보였다. 말이나 오토바이를 타고 가축 몰이를 하기도 했다. 방학 중인 어린아이들도 돕고 있었다. 겨울에는 가축 무리가 움막집으로 돌아온단다.

전통적인 유목 생활을 하는 광활한 목초지대의 삶은 여유롭게 보였다. 언덕을 넘으면 펼쳐지는 대자연의 푸른 하늘과 구름이 모두 녹색이었다. 가도 가도 끝이 없는 푸른 대자연에 탄성만 나왔다. 온천지가 파랗게 녹색 바다처럼 출렁였다. 첫날 묵었던 몽골 수도 울란바토르의 분주한 거리와 대조를 이뤘다. 염소, 양 등이 있는 가축시장은 사람들로 북적이는 우리나라의 가축시장과 비슷했다.

다달 캠프로 이동했다. 다달 지역은 칭기즈칸의 고향으로 그의 아버지 예수게이가 부인 후엘룬을 납치하여 결혼한 이야기와 칭기즈칸의 부인 보르테가 메르키트족에게 납치당하였던 몽골 비사에 전해오는 지역이다. 우리는 그곳 게르에서 하룻밤을 보냈다.

저녁에는 별을 보기 위해서 라이트와 모기장을 준비했다. 날씨가 서늘하여 긴팔 옷을 입고 북두칠성, 카시오페이아, 은하수, 오리온좌를 보았다. 까만 하늘의 별을 세어 보고 있는데 별똥도 뚝뚝 떨어졌다. 깊은 밤 더 뚜렷이 보이는 별을 보니 유년 시절 별 보던 밤으로 돌아간 기분이었다.

어머니는 감자를 삶고 아버지는 쑥대를 한 바작 베어오고 보릿대도 준비했다. 마당에 멍석을 펴고 보릿대와 쑥을 태우며 모기를 쫓았다. 감자를 먹으며 도란도란 밤하늘 별을 헤었다. 온천지가 별로 가득찬 밤에 어머니가 노래처럼 속삭였다.

“이 별은 아빠 별, 저 별은 엄마 별 그리고 저기 멀리 가물거리는 별은 광호 네 별 해라.”

별똥이 수많은 그림을 그리며 떨어지던 날의 기억이 생생하다. 이번 여행은 마치 타임머신을 타고 60년대로 껑충 돌아가 추억을 여행하는 것 같았다. 몽골은 지하수를 파서 물을 공급하고 발동기를 돌려 오후 9시부터 12시까지 시간제로 전기를 공급했다.

자연이 모두 화장실이어서 대변은 산속 재래식 변소에서 해결하고 소변도 주변 자연에 방사했다. 현지 아이들 서너 명이 모여 뛰노는 모습이 마치 내 어릴 적 모습과 똑같았다. 천진난만한 모습들이 행복해 보였다. 지금은 선진국 반열에 오른 우리나라의 위상에 자부심이 느껴졌다.

이튿날 아침에는 칭기즈칸 공원으로 이동했다. 정중앙에 칭기즈칸의 비석이 세워져 있었다. 좌측으로부터 아버지, 어머니, 본인, 부인의 나무로 된 장성을 둘러보았다. 칭기즈칸이 어려서 숨어 도망 다니며 생활했던 앞산도 올라가 둘러보았다. 그곳에서 내려다 보이는 넓은 호수는 연무가 피어올라 아름다움의 극치였다. 우리 일행은 칭기즈칸이 태어난 고향에 머물면서 그 흔적을 돌아보았다.

다음 날 기네스북에 등재된 높이 40미터의 거대한 칭기즈칸 동상을 만나러 갔다. 푸른 초원을 얼마나 달렸을까 도착해 보니 크기가 어마어마했다. 테렐지 국립공원 캠프인 칭기즈칸 기마 동상을 관람하였다. 몽골제국 800주년 기념으로 만든 세계 최대 마 동상이다. 몽골인들의 역사를 들여다볼 수 있는 전통박물관이었다.

2007년도에 착공하여 2010년에 완공했다고 한다. 동상의 오른팔에 금장의 도구가 보였다. 황금 채찍을 이곳에서 발견했다는 설이 있어 이곳에 동상이 들어서게 되었다고 한다. 동상이 바라보고 있는 곳이 동쪽인데 칭기즈칸의 고향을 바라본다는 설과 중국으로부터 이 땅 몽골을 지킨다는 의미를 담고 있다고도 했다.

1층 입구에 거대한 가죽으로 만든 엄청나게 큰 신발이 있었다. 이 신발은 천장에서 들어오는 자연 광채를 받아 웅장하게 보였다. 또 옆에는 미니어처로 만든 전통악기 마두금이 있었다. 초원에서 어미를 잃은 낙타, 또는 어미젖을 빨지 않는 낙타에게 이 마두금을 연주하면 어미 젖을 먹게 된다고 했다.

한참을 달리다 이 지역 고유의 나담 축제장에 이르렀다. 모처럼 몽골 사람들을 접할 수 있는 풍요로운 행사여서 마음이 흡족했다. 남성 3대 스포츠인 '경마', '씨름', '활쏘기'가 펼쳐지고 어린 학생들의 전통 매스게임, 가수들의 노래, 유공자 시상이 진행되었다. 게르 주변에는 간이음식점이 운영되고 있어 우리는 그곳에서 마유주를 포함하여 양고기 만두를 먹었다. 마침 경기장 옆으로 말이 돌아오는 광경도 지켜보았다.

많은 관중이 모여 응원하며 함성을 질렀다. 1등, 2등, 3등 말을 타고 결승점으로 달려오는 어린 기수들의 기백이 넘쳤다. 빨리 달리려고 채찍질하는 모습이 인상적이었다. 옆에서는 활쏘기 대회가 열렸다. 행사장 방문객들에게 버터, 우유, 치즈 말린 것을 접시에 담아 제공하고 마유주도 대접하는 것을 보며 주민들이 함께하는 즐거운 전통 행사임을 느낄 수 있었다.

전통 복장을 한 학생들로 구성된 20여 명 학생이 음악에 맞춰 춤을 추었다. 이어서 6명의 전통복을 입은 가수들의 흥겨운 노래가 이어졌다. 그리고 각 지역의 덕망 있는 어르신들에게 표창과 부상도 수여했다. 우리도 함께 박수를 보냈다. 몽골인들의 환대가 오래도록 가슴에 남을 것 같다. 말 타는 어린 기수들의 모습을 보니 자신감마저 넘쳤다.

넓고 푸른 초지로 출렁이는 지평선을 보며 유목민의 생활을 엿볼 수 있는 유익한 여행이었다. 몽골인의 따뜻한 마음에 동화되면서 지구촌의 한가족이라는 생각이 들었다. 그곳을 떠나기가 너무 아쉬웠다.

칭찬, 신께서 주신 선물

사람은 누구나 칭찬을 받으면 기쁘기 마련이다. '오늘 멋지십니다.', '오늘 웃는 얼굴이 멋져요.', '요즘 더 예뻐진 것 같아요.', '뭐 좋은 일 있어요?' 참, 기분 좋은 인사말들이다. 상대를 설레게 한다.

며칠 전 고향 선배가 『운을 부르는 부자의 말투』란 책을 우편으로 보내주었다. 코로나 시대 내공을 쌓으며 힘을 내란다. 칭찬에 인색하거나 미숙한 사람에게 추천하고 싶은 칭찬 기술을 소개한 책이다. 그것은 바로 '박수'라고 한다.

손뼉만 잘 치면 말을 한마디 안 하고도 상대를 칭찬할 수 있다.

박수는 세계 공통 언어이니 말이다. 나이나 성별 국적도 불문하고 누구나 박수의 의미를 알고 있으니 박수는 최고의 칭찬이다.

사람들의 호감을 사는 말을 잘하는 사람에게는 나쁜 일이 생길 가능성이 줄어든다고 한다. 신께서 인간에게 주신 최고의 특기는 '다른 사람을 칭찬하는 일'이다. 칭찬받으면 입꼬리가 위로 올라가거나 귀에 걸리기도 하며 온종일 기분이 좋다.

새벽에 전주 서곡지구에 있는 황방산 오솔길을 걸었다. 영하 4도를 넘나들었다. 황방산은 높이 200미터 정도의 낮은 산으로 가볍게 운동하기에는 안성맞춤이다. 어둑어둑한 밤이 지나고 해가 살포시 얼굴을 내밀었다. 새벽 공기는 마음까지 상큼하게 했다. 황방산 오솔길에 몸과 마음을 맡기니 구름 위를 걷는 것 같았다.

상쾌한 공기를 두고도 마스크를 벗지 못하는 현실이 안타깝기 짝이 없다. 많은 사람이 마스크를 하고 걷지만 비켜 갈 때마다 내심 불안하다. 혹시나 하는 생각에 마음마저 쭈뼛거려진다. 코로나가 창궐하기 전에는 산길에서 사람들을 만나면 '반갑습니다.', '좋은 시간 되세요.'라며 인사도 하고 말을 건네곤 했었다.

하지만 지금은 마스크를 썼으니 기분 좋은 인사도 못 한다. 멀뚱멀뚱 서로 다른 곳만 쳐다본다. 사람을 피하니 다람쥐와 까치들이 가까이 왔다. 그들과 무언의 대화를 나누며 걷다 보니 어느새 종점에 이르렀다.

몇 년 전 수필창작반에서의 기억이다. 교수는 수업 시작 전 칭찬

한 가지씩 말하기를 권하곤 했다. 학생들이 준비한 칭찬이 다 끝이 나야 수업을 진행하셨다. 수업 시간마다 칭찬 거리를 발표하니 처음에는 참 어색하고 쉽지 않았다. 그러나 반복하다 보니 일상에서 주위 사람들을 깊이 관찰하며 관심을 갖고 숙제를 즐기곤 했다. 인생도 배우고 칭찬도 배우니 더없이 좋았다.

새벽 걷기 운동 뒤 아침 식사 때 냉잇국이 입맛을 돋우었다. 운동 뒤에 식사 맛은 꿀맛이다. 아내가 준비한 냉잇국은 봄도 아닌데 봄 향기로 방안이 그윽했다. 맛도 상큼했다. '당신은 김치도 잘 담그고 냉잇국도 맛있게 잘 끓인다.'라며 '당신은 못 하는 것이 도대체 뭐야'라고 칭찬했다.

아내 표정을 보니 싫지 않은 기색이다. 얼굴 화장을 한 뒤 거울 앞에서 옷매무새를 살피는 아내를 보며 '당신은 정말 예뻐.'라며 큰 소리로 말하고 손을 흔들어 주었다. 아내도 말없이 미소를 지어주었다. 출근하는 뒷모습을 보며 오늘 하루도 잘 보내기를 빌었다.

칭찬의 숙제를 아내를 통해서 연습했다. 눈 뜨면 오늘은 아내에게 어떤 장점을 찾아 말할까 고민했다. '칭찬은 고래도 춤추게 한다.'라고 했다던가. 집에 머무는 시간이 많다 보니 불편하지 않게 편안함을 주어야 한다. 나와 관계 속에 있는 사람을 칭찬하다 보면 나도 절로 행복해진다.

사람은 누구나 장점을 갖고 있다. 장점을 말하면 분위기도 좋아진다. 상대방이 보는 앞에서 하니 계면쩍어 하지만 싫어하지는 않는다. 평소 습관을 만들어 갔다. 처음부터 습관을 잘 들여야 나의 흠결도 없어지고 이미지도 살 것이다. 그리고 상대가 말은 안 하지만 나름의 잣대에 의거 나를 평가할 것이다.

벌써 정년퇴직하고 이순을 넘긴 지 5년이 지났다. 아내는 1인 다역을 하고 있으니 역할을 나누어 하기로 스스로 마음먹었다. 아내는 직장에 다니면서 주부의 역할까지 하니 늘 피곤한 기색이다. 집에 있는 시간이 많은 내가 집안일을 분담키로 하니 아내도 좋아했다.

아내는 신이 났다. 얼굴이 보름달처럼 밝아 마음이 여유로워 보였다. 아내는 자꾸 맛있는 음식을 만들어 식탁에 올렸다. 주방의 식탁에도 안방의 침실에도 사랑이 보송보송하다. 칭찬은 신께서 주신 선물이다.

아낌없이 나누며 살아야겠다. 나를 아는 많은 사람들을 칭찬의 힘으로 입꼬리가 귀에 걸리게 해야겠다. 칭찬이 넘치는 세상이 되었으면 좋겠다.

친구들은 마을의 주춧돌이다

고향 진안에서 어린 시절 6년 동안이나 함께 공부했던 코흘리개 친구들이 이제는 마을의 중심 기둥이 되었다. 진안과 전주 인근에 사는 동창들이 20여 년 전 모임을 만들었다. 초등학생 시절의 기억을 되살리며 만나는 친구들이다.

지금은 자녀들 결혼 적령기가 되어 모임이 더욱 돈독해졌다. 아홉 명 친구가 부부 동반으로 모이면 시끌벅적하다. 부인들도 가세하여 살아온 이야기, 앞으로 살아갈 이야기, 각자 생활 공간에서 있었던 이야기 등 꽃을 피운다. 그중 고향 마을에서 사는 친구들을 통해 고향 소식을 접할 수 있어 좋다. 어느 집 아들이 공무원 시험에 합격했다거나 어느 집 딸이 괜찮은 총각한테 시집갔다는 이야기와 어느 어르신이 아파서 고생하다가 돌아가셨다는 이야기까지 끝이 없다.

시골치고 꽤 많은 사람이 살았던 고향 마을이 70여 가구만 남았다는 말을 들을 때는 어쩐지 서글퍼지기도 한다. 내가 다닌 초등학교는 읍내에서 8km쯤 떨어진 아담한 학교다. 그동안 많은 세월이 흘러 명칭도 여러 번 바뀌었다. 지금은 폐교되어 예술창작스튜디오로 바뀌었지만, 근처를 지날 때면 어릴 때의 기억들이 떠오르곤 한다. 그때 우리 학급은 63명이나 되었다. 그 시절 친구들이 서울을 비롯한 전국 각 지역에서 소식을 주고받으며 살아가고 있다.

내 나이도 지천명(知天命)을 지나 이순(耳順)이 되어 간다. 그래도 모임에 나가면 어릴 때의 그 마음이 되곤 한다. 흰머리에 주름 가득한 얼굴로 서로 장난을 치며 호탕하게 웃는다. 가끔은 이견이 생겨 소소하게 다투기도 하지만 금방 제자리로 돌아와 술잔을 주고받는 모습에서 인생의 향기가 묻어난다. 어릴 적 친구는 그래서 좋은 것 같다. 흉금을 털어놓고 이야기할 수 있으니 이보다 편하고 좋은 관계가 어딨을까.

내 고향은 전주에서 소태정 고개를 지나 30여 km를 달리면 나온다. 매년 봄이면 꽃잔디 축제가 열리는 원연장마을이 있고, 진안의 자긍심인 태고의 신비를 간직한 명산 마이산이 마을 뒤에 자리하고 있다. 마이산엔 진안인의 기와 인간이 만든 최고의 걸작인 석탑과 음양오행 조화의 극치인 천지탑이 있다. 안개가 허리를 휘감는 아름다운 풍광의 마이산은 초등학교 때 소풍지의 단골이었다. 땀 뻘뻘 흘리며 친구와 손을 잡고 대열에서 이탈하지 않기 위해 노심초사하며 걷던 그날이 눈에 선하다. 삶은 계란과 김밥, 콜라 한 병이면 세상을 다 얻은 듯 행복했던 소풍. 해마다 마이산의 기를 흠뻑 받고 자라서 그런지 건강에는 모두 자신감이 있다.

지금 나는 부모님과 함께 전주에서 산다. 우리가 살았던 집은 본채와 작은 채, 행랑채, 창고, 소막, 돼지막이 있었는데 모두 사라졌다. 대지만 덩그러니 남아 이웃 주차장으로 사용되고 있다. 한쪽에 내 성장기를 지켜본 감나무만이 푸름을 자랑하고 있다. 감나무를 생각하면 어린 시절 가을날이 떠오른다. 초등학교 6학년 때, 홍시를 따려고 감나무에 올라갔다가 나뭇가지가 부러지면서 떨어졌다. 장독 모서리에 이마를 부딪쳤다. 찢긴 이마에서 피가 흘러 주저앉아 엉엉 울었다. 다행히 엄마가 달려와 상처를 싸매주었다. 그때 병원에 가느라 결석하니 너도나도 찾아와 위로해 주며 함께 놀았던 친구들이다.

이마에는 그때의 흉터가 아직도 희미하게 남아 있다. 지금도 여러 모임이 있지만 깨복쟁이 동창 모임이 가장 편안하고 좋다. 동창 중에 고향을 지키며 사는 친구들을 보면서 감사함을 느낀다. 그들이 있어 고향이 영영 사라지지 않는 것이다. 언제든 고향에 가면 이유 없이 반겨주는 친구 아닌가. 아무 때나 가서 마음 편히 향수에 젖기도 한다. 지금은 친구들이 마을의 지도자가 되어 듬직하게 고향을 지키고 있다. 그러나 동창 중에는 몸이 아파 하늘나라로 간 친구도 둘이나 있다. 언제 우리 차례가 될지 모른다. 친구들이 없는 고향은 고향이 아니다. 한 친구는 컨테이너를 고향 밭가로 가져다 놓고 그곳에서 제2의 삶을 경작하고 있다.

언제나 고향은 나를 품어준다. 나이 먹을수록 고향의 푸근한 정이 귀하고 부모님의 따뜻한 품도 눈물나게 그립다. 고향 어르신들도 어렸을 때 보았던 기백은 사라지고 꾸부정한 허리와 근육 빠져나간 떨리는 걸음만 남았다. 애잔하고 애처로울 뿐이다. 세월이 빠름을 느낀다. 마을 어르신들을 자주 찾아뵙고 보살피며, 공경하며 함께하는 것이 지금의 내가 할 수 있는 최선이지 싶다.

마을은 점점 늙어가고 있다. 그러니 고향 마을을 지키는 친구들은 더욱더 소중한 존재들이다. 주춧돌 같은 친구들이다. 마을의 애사에 주도적으로 참여하여 슬픔을 같이 나누며 마무리까지 잘 추스르는 친구들……. 마을을 지키며 정을 나누며 사는 친구들이 있어 언제나 든든하다.

코흘리개 시절부터 이순을 넘어까지 함께하니 친구라는 인연은 큰 인연인가 보다. 요즈음은 모임을 할 때마다 즐겁게 지내고 서로 아프지 말고 건강하게 오래 살자는 인사뿐이다.

나고야의 알프스, 알펜루트에 다녀와서

– 시바타 도요 시 「약해지지 마」

일본 여행이 시작된 날은 다행히 오던 비가 멈췄다. 출발하는 새벽은 고요 속에 어둑했지만, 마음은 기대가 커서인지 생각이 많았다. 일본 나고야와 알펜루트를 돌아 온천에서 1박 한 후, 노리다케 숲과 주변을 둘러볼 계획이었다.

첫째 날

여행이란 새로운 곳으로 풍덩 던져져 마음을 설레게 한다. 2023년 6월 예전 직장동료 열 쌍의 부부가 함께한 일본 패키지여행은 나고야에서 시작되었다. 차 안에서 가이드는 첫인사로 반갑다며 말문을 열었다. 배우 김혜자의 수상 소감이 떠오른다며 운을 뗐다.

'내 삶은 때론 불행했고 때론 행복했습니다. 삶이 한낱 꿈에 불과하다지만 그런데도 살아서 좋았습니다. 새벽에 쨍한 차가운 공기 꽃이 피기 전 부는 달큼한 바람, 해질 무렵 우러나오는 노을의 냄새 어느 하루 눈부시지 않은 날이 없었습니다. 지금 삶이 힘든 당신, 이 세상에 태어난 이상 당신은 이 모든 걸 매일 누릴 자격이 있습니다. (…)'

— 드라마 「눈이 부시게」 중에서

나고야성과 합장合掌 촌을 방문했다. 나고야성은 도쿠가와가 도요토미를 견제하기 위해 축조하고 자신의 정치적 기반을 다져 나간 곳이다. 합장 촌은 마을 전체가 유네스코 세계유산에 등재된 지역이며 지붕이 뾰족한 독특한 형태다. 갈대를 엮어 지붕에 얹은 모양이 합장한 것같이 보여 그렇게 불리고 있단다. 마을을 돌아보았다. 하수도에서 잉어들이 떼를 지어 다녔다. 환경을 최우선으로 하는 모습을 보며 환경에 대한 소중한 가치를 생각했다.

"여러분! 여러분은 이미 부자입니다. 이미 모든 것을 누리고 있습니다. 의견이 안 맞더라도 그 많은 바람 속에서라도 나 자신을 찾고 나를 뒤돌아보는 것입니다. 알펜루트는 해발 2,500m의 추운 지역이죠. 2박 3일 동안 단합이 절대 필요합니다. 가이드 정경아입니다."

일본에서 학교에 다녔고 20여 년 관광 가이드로 활동하고 있으며 고향은 광주라고 했다. 이어서 그녀가 말을 계속했다.

"일본과 한국은 숙명적으로 가깝고도 먼 나라입니다. 역사적인 문제는 이미 아주 오래되었고, 최근의 후쿠시마 오염수 방류 문제나 기타 등등 곳곳에서 부딪치지만, 여행을 왔으니까 일본의 내면을 깊숙이 보면서 좋은 점이나 우리가 배워야 할 것을 꼼꼼하게 보고 듣고 알아 갔으면 합니다."

'가이드는 엄마고 여러분의 보호자'라며 후회 없는 오늘을 만들자고 했다. 모두 박수로 응했다. 하루 일정을 소화한 후 당면한 사항 등 주의사항을 안내하고 숙소로 향했다.

둘째 날

알펜루트로 가기 위해 관광버스를 탔다. 다테야마 구로베(1,454m), 미다가 하라 역(1,930m), 도야마의 무로도(2,450m)를 지나 일본의 지붕으로 불리는 알펜루트에 도착해 호수 등 눈 쌓인 주변을 돌아보았다. 다테야마 협곡은 케이블카를 이용했다. 대 계곡 구로베 댐(높이 186m)은 공사 기간 7년에 걸쳐 1963년 완공, 건설 당시 171명의 사상자를 낸 댐으로, 수력발전소 지원 시설로 간사이 지방에 전기를 공급하고 있다.

지하 이동철도를 이용해 케이블카, 분리 버스, 고원 버스를 이용했다. 알펜루트 지역은 고지대로 6월인데도 2m쯤 되는 눈이 군데군데 쌓여 있다. 그곳에서 이동할 때쯤 해가 서산에 걸쳤다. 가이드는 부부 여행에 따른 당부도 했다.

세상에 가장 외로운 존재가 아빠들이라며 온천욕 재계齋戒 후 아빠 사랑을 많이 해달라고 했다. 세상에 아름다운 단어 순서를 꼽으라 한다면 첫 번째가 엄마, 두 번째가 사랑 그다음은 가족, 우정, 가장 끝인 열일곱 번째가 아빠라며 아빠는 외로운 존재라고 했다. 외로운 남편분들, 아내가 사랑을 많이 해줘야 한다고 하여 폭소가 터졌다. 숙소에서 저녁 온천욕을 하며 하루를 마감했다.

셋째 날

또 하루의 여정이 시작되었다. 가이드는 「약해지지 마」란 시를 한 수 읊겠다고 했다.

> "있잖아, 불행하다고 한숨짓지만,
> 햇살과 산들바람은 한쪽 편만 들지 않아
> 꿈은 평등하게 꿀 수 있는 거야 나는 괴로운 일 많았지만
> 살아 있어 좋았어 너도 약해지지 마."
>
> — 고故 시바타도요 시 「약해지지 마」 중 일부

도요 할머니가 삶에 지친 60세 넘은 아들에게 주었다는 시다. 100세를 산 어머니의 마음, '나도 괴로운 일 많았지만, 삶이 있어 좋았어, 너도 약해지지 마.' 들어도 들어도 힘들고 지친 우리에게 따뜻한 어머니의 마음이 전해진다.

시바타도요는 1911년 6월 26일 일본 도치기현 도치기 시에서 쌀가게를 운영하는 부유한 가정의 외동딸로 태어났다. 10세 무렵 아버지의 가사 탕진으로 집안 형편이 나빠져 학교를 그만두었고, 이후 전통 여관과 요리점에서 허드렛일을 도맡아 하면서 더부살이했다.

그런 와중에 20대에는 결혼과 이혼의 아픔까지 겪었다. 그리고 33세에 평생을 요리사 시바타에 이키치를 만나 재혼해 외아들을 낳았다. 그 후 재봉일 등 부업을 해가며 알뜰살뜰 생계를 꾸렸다.

1992년 사별한 후에는 우쓰노미야시에서 20년 가까이 홀로 생활했다. 이처럼 글 쓰는 일과는 아무런 인연도 없이 살아오던 할머니는 허리가 아파 취미였던 일본 전통무용을 더 이상 할 수 없게 돼 크게 낙담했다. 도시에서 직장에 다니던 60세를 넘긴 외아들은 그런 모습을 본 뒤 주말마다 와서 시 쓰는 방법을 알려주겠다는 약속을 했다.

어머니는 아들이 주말마다 온다니 그렇게 기쁠 수가 없었다. 그런 연유로 92세 때 처음 시를 배우며 쓰기 시작했다. 그러던 가운데 2009년 10월, 99세의 나이에 자신의 장례 비용으로 모아둔 100만 엔을 털어 첫 시집 『약해지지 마』를 출판했다. 2011년 3월 11일 동일본 대지진이 일어나 일본 열도가 큰 충격과 상처에서 좀처럼 벗어나지 못하고 있는 때여서 온갖 풍상을 다 이겨낸 그분의 시가 많은 위로를 주었다.

그해 10월 10일 NHK TV에서 '불행의 쓰나미에 약해지지 마, 100세 시인의 시바타도요'를 방송해 많은 시청자의 공감을 얻었다. 가이드는 시바타도요의 시 한 편 「바람과 햇살과 나」를 낭송했다.

> 바람이 유리문을 두드려 안으로 들어오게 해 주었지. 그랬더니 햇살까지 들어와 셋이서 수다를 떠네
>
> 할머니 혼자서 외롭지 않아? 바람과 햇살이 묻기에 인간은 어차피 다 혼자야 내가 대답했네!
>
> 애쓰지 말고 편하게 가는 게 좋은 거예요. 모두 같이 웃어댄 오후의 한때
>
> —고故 시바타도요 시 「바람과 햇살과 나」

돌아오는 날

노리다케 숲을 지났다. 온 산야가 스기-삼나무-로 우람하게 빽빽이 서 있었다. 울창한 나무는 일본인의 자산이다. 산불 조심은 최고로 지켜야 할 법으로 생각하며 지금까지 산불 났다는 소리가 없단

다. 그만큼 국민이 철두철미하게 지킨다고 한다. 산에는 아무리 찾아봐도 묘 한 기 보이지 않았다. 장례문화로 동네에 화장장이 있고 여행하는 내내 봉안당 奉安堂이 종종 보였다.

나고야 신궁을 돌아보고 나와 시내 중심지 '츄부전력' 미라이 타워 주변에서 머물며 도시의 아름다운 숲속 맑은 물을 만끽했다. 이어서 백제인의 도자기 굽는 가마터에서 나고야 쇼핑지 노리타케 가든 정원으로 변한 그곳으로 이동하여 쉬면서 주변을 돌아보았다.

현지에서 소화하면서 생생하게 보고 듣는 것, 친절, 환경 등 특히, 고 시바타도요 할머니를 통해서 느꼈던 감정은 지금도 진한 여운이 남는다. 2박 3일 비록 짧지만 뒤돌아보니 참 좋았다. 우리와 함께했던 가이드 정경아는 우리나라 가이드들이 본받았으면 하는 마음이다. 가이드의 활동을 보면서 우리 고장의 전통과 역사, 지역의 장점에 대한 지식을 터득해 내 고향을 널리 알리는 활동가로 일하고 싶은 생각이 강하게 들었다.

인생 2막 후반부에서 꿈을 이루고 99세에 시집을 낸 일본 할머니 고故 시바타도요. 수많은 선각자들이 저마다 자기 삶에 대한 철학을 담아 명언을 남겼다. 하지만, 할머니의 이 한마디 '나도 괴로운 일 많았지만 살아 있어 좋았어.'라는 시구는 깊은 울림과 시대와 국경을 넘어 영원히 빛날 것이다.

작품 해설

꿈속 같은 이산駬山의 성찰省察과 관조觀照의 수필 세계

– 의석倚石 하광호의 첫 수필집『그리움은 늙지 않는다』에 부쳐

전일환

전, 전주대부총장 문학박사

1. 의석이 이룬 수필의 관조觀照와 성찰省察

수필隨筆은 자의字義대로 붓 가는 대로 쓰는 글이 아니다. 남다른 통찰洞察과 분석分析으로 우리들 인생의 여러 사상事象들을 분석하고 해석하여 관조와 성찰에 이르지 못하면 수필이랄 수가 없다. 우리가 살고 있는 세상 만물들이 다 그렇다. 길가 아무데서나 생명줄을 내리고 싹터서 온갖 것들로 하여 짓밟히는 이름 모를 봄철 풀한 포기들도 그렇다.

이처럼 의석倚石 하광호河光鎬 작가는 자칫 지나쳐버릴 수 있는 하찮은 미물이라도 확대경을 들이대며 분석하고 해석해내는 남다른 관점觀點(Viewpoint)이 있는 문인이다. 그는 그런 미학적인 안목眼目을 지니고 이제까지 작품을 써왔다. 의석은 사물을 보는 시점視點이나 관점이 남다르고 초월적이며 어떤 전문가보다 더 섬세한 심미안審美眼을 지니고 있는 문학인이다.

이산怡山 김광섭金珖燮(1906~1977)이 「수필문학소고隨筆文學小考」(1933년)에서 밝혔듯이 '수필은 달관達觀과 통찰洞察과 깊은 이해理解가 인격화된 심경이 생활 주변, 혹은 회고回顧와 추억追憶에 부딪혀 스스로 붓을 잡음에서 제작되는 형식이어야 한다.'라 했던 것처럼 무엇보다 아름답게 씌어져야만 한다. 그것이 '붓 가는 대로'의 참뜻을 담은 '따를 수隨, 붓 필筆' 자의 수필이다.

'따른다'라는 '수隨'의 참뜻을 가만히 들여다보면 분명히 어느 일정한 단계에 올라야만 글다운 좋은 작품에 이른다는 걸 깨달을 수 있다. 운필運筆의 기본도 모르면서 붓 가는 대로 글씨를 쓰고 그림을 그린다면 그건 좋은 글씨나 그림이 되는 게 아니라, 악필惡筆이나 졸화拙畵가 될 수밖에 없다.

금아琴兒 피천득皮千得(1910~2007)은 진일보하여 수필의 진의眞義를 「수필隨筆」이라는 작품 속에서 '수필은 청자연적靑磁硯滴이다. 수필은 난蘭이요, 학鶴이요, 청초하고 몸맵시 날렵한 여인이다. 수필은 그 여인이 걸어가는 숲속으로 난 평탄하고 고요한 길이다'.라고 오정의五定義한 것처럼 수필은 청정무구淸淨無垢한 기품과 향과 아름다움이 담겨 있어야만 한다. 그처럼 수필은 우리 인간의 삶이 오염되지 않은 깨끗하고 아름답게 정제淨濟되어 인생의 참뜻이 녹아나는 멋과 맛이 담겨 있어야 함을 강조하였다.

청자연적은 세상에 때묻지 않은 선비들이 글을 쓰기 전에 먼저 정결한 마음으로 먹을 갈 때 물을 담는 용기로 개구리나 두꺼비 등 동물의 모양으로 구워낸 청자나 백자기를 말한다. 난이나 학 역시 세상에 오염되지 않은 청정 지역의 동식물로 선비들이 좋아하는 사군자 四君子나 그에 준하는 사물의 하나이다.

그 가운데 연적 硯滴이나 학 鶴은 더러운 홍진紅塵 속세를 벗어나 청정무구淸淨無垢한 자연 속에 묻혀 살아가는 은둔 거사 隱遁 居士나 처사處士들에게 없어서는 안 될 주요 소재들이다. 송나라 초 은사隱士 위야魏野가 유대중兪大中의 집 벽에 오언고시 「산거시山居詩」를 읊고 써서 걸어두었다. 이 시구詩句는 피천득 수필의 특성에 함의含意되어 이어져 내린 것만 같다.

위야의 「산거시」의 키워드인 '벼루를 씻으니 물고기 떼 지어 모여들고 세연어탄묵洗硯魚呑墨/ 차를 끓이니 학이 연기를 피해 날아가네 팽다학피연烹茶鶴避煙'이라는 시구는 필자의 고조부가 나에게 써서 남긴 유품 중 하나이다. 이 3, 4구의 두 시구는 은일군자가 청징淸澄한 산속에서 살아가며 차를 끓이니 세상에 찌든 연기가 하늘로 날아오르니, 그 연기가 더럽다며 다른 곳으로 날아가는 학鶴을 화폭에 그려내듯 한 폭의 수채화 같은 경중정景中情의 경지가 우러난다.

햇빛을 프리즘에 투과시키면 일곱 빛깔 무지개색으로 번지는 것처럼 수필은 그런 예민하고도 분석적인 아름다운 관점이 묻어나야 한다는 것이다. 햇빛은 본디 무색무취의 물과 같이 아무런 색깔이 없는 것처럼 보이지만 프리즘을 통과하면 일곱 빛깔 무지개색으로 그 본디의 모습을 신비롭게 보여준다. 수필가는 프리즘처럼 우리 인간의 삶을 그토록 아름답게 분석하고 해석해 내야만 한다는 말이다.

조선 선조 조 대제학과 영의정을 지냈던 상촌象村 신흠申欽(1566~1628)은 시절가조時節歌調나 시절가, 영언永言, 가요歌謠, 시조時調라는 장르로 「노래 삼긴 사람」은 조선조 귀천을 가리지 않고 즐겨 불렀던 대중가요였다. 상촌의 그 평시조에는 한恨 많은 우리 인생의 질곡桎梏을 벗어나는 해결의 철학을 '노래 삼긴 사람 시름도 하도할샤 / 일러 다 못 일러 불러나 푸돗던가 / 진실로 풀릴 것이면 나도 불러 보리라'라고 담아 제시해 주었다.

노래 삼긴 사람, 곧 노래를 지은 사람은 시름이 많은 사람이라고 정의한 뒤, 가슴에 맺힌 시름이나 한恨은 말로 이르고 또 일러도 풀릴 수가 없고, 다만 시조 노래만이 슬픔이나 한을 풀 수 있다는 해결방안이 시조집 『해동가요海東歌謠』나 『청구영언青丘永言』에 실려 전한다. 따라서 삶의 슬픔이나 한을 시조라는 노래를 불러서 풀어보라는 시조에 담긴 인생철학을 분석하고 밝혀내어 해석해준 빼어난 작품이 아닐 수 없다.

또한 노래하는 사람이나 듣는 자 모두 자신의 비루鄙陋함을 씻어내고 감발感發하려면 잘 모르는 어려운 한자어보다 말과 뜻이 일치한 우리말과 우리글을 사용하지 아니할 수 없다는 퇴계의 「도산 12곡 발문」에서도 해석된 자국어문의식自國語文意識에서도 엿볼 수가 있다.

2. 의석倚石의 피맺힌 풍수지탄風樹之嘆의 사모곡思母曲

작가와 작품은 본디 하나다. 작품은 작가의 삶이 그대로 투영된 작가의 철학적 산물이기 때문이다. 그러므로 무슨 장르든 간에 작품 속에는 작가의 삶이 우물에 거울처럼 비친 얼굴과 같이 심오하고 영롱하게 비추어져 반사되어야 한다. 하광호 河光鎬(1956~) 작가는 영산靈山인 마이산馬耳山의 신령을 안고 평화스럽게 진안에서 나고 자란 산인山人이다. 그래서 하 작가의 호 역시 돌에 기대고 의지한다는 뜻의 의석倚石이다.

그가 살아온 곳이 「지척이 명소」라는 수필 작품처럼 마이산 근처인 진안읍 진무로이다. 그곳에서 유소년을 거쳐 중, 고등학교를 졸업하였고, 방송통신대학교 졸업, 전북대학교 행정대학원을 수료한 뒤 행정학 석사가 되었다. 현재 서울 디지털대학교 문예창작과 4학년에 재학 중인 꿈 많은 문학도로서 2020년 12월 『표현문학』과

2021년 3월 『한국산문』에 신인상으로 올라 수필가로 등단하였다. 그러고도 올해엔 『문예사조』에 시인으로 등단한 열정적인 문예가로 마침내 첫 수필집 『그리움은 늙지 않는다』를 상재하기에 이른다.

또한 의석은 진안군농업기술센터와 진안군청에서 행정공무원으로 39년간 봉직하면서 국가행정전문연수원 34기 중견간부반 교육도 이수하였다. 이후, 진안군선거관리위원, 진안문화원 이사, 진안신문 독자위원회 위원과 전북문인협회 회원, 전북수필문학회 회원, 한국산문작가회 회원, 표현문학회 회원, 신아문예작가회 회원, 진안문학회원으로 튼실한 사회 봉사인의 귀감이 되는 모델이다.

자식을 위해 고생만 하며 살다 가신 어머니가 불현듯 보고 싶을 땐 은천마을 숲으로 달려가곤 한다. 우람한 팽나무를 어머니를 안듯 팔 벌려 안고 가만히 귀를 기울이면 어머니가 해주시던 말씀이 들리는 듯하다. 어머니는 항상 우리에게 손에 괭이를 들지 말라고 당부하셨다. 어머니는 수많은 농촌 생활의 어려움에도 굴하지 않고 버텼다.

그 시절 농촌의 누에치기는 손이 많이 가는 농사였다. 뽕이 부족하여 백운면 큰 산으로 산뽕을 따러 갔다가 저녁 늦게야 돌아오곤 했다. 종일 일하고 돌아와서도 잠을 자지 못하고 저녁 늦게까지 호롱불 밑에서 옷과 양말을 기우시던 모습이 지금도 눈에 선하다.

마중 길이 있는 전주역의 한옥 지붕은 불빛에 운치를 더했다. 비가 온 뒤 아내와 산책하러 나가니 미세먼지가 사라져서 깨끗하고 신선했다. 역 광장의 느티나무는 시원함을 주기도 하지만 편히 쉴 수 있는 그늘도 있고 앉을 의자도 있다. 잘 조성된 길 따라 걸으니 몸까지 시원스럽다. 마중 길 종점에는 조형물로 세워진 토끼가 옹기종기 모여 있다. 새해는 토끼띠의 해다. 이들은 마치 전주 시민들을 바라보고 있는 것만 같다.

첫 마중 길 앞은 도시를 떠난 한적한 공원 같다. 걷다 보면 햇살이 길게 드리워져 내 그림자를 내가 볼 수 있다. 마중 길을 걸으니 내 삶의 마중물이 되어주신 어머니가 한없이 그리워진다.

-「내 삶의 마중 길」 중 일부

하광호 작가에게는 이 세상 어느 사람보다도 어머니에 대한 그리움과 아쉬움이 뼛속 깊이 온몸을 휘감고 있다. 이 작품 속에 절절히 녹아내리고 처녀 수필집의 제호가 된『그리움은 늙지 않는다』의 작품에서도 어머니에 대한 그리움과 보고 싶음이 최고도로 절정에 이르고 있음이 묻어난다. 우리 몸은 세월 따라 늙어가지만 '아무리 나이를 먹어도 어머니에 대한 그리움은 늙지 않는다.'라며 오히려 그 그리움은 조금도 늙지 않고 청정하게 젊어져 간다는 역설적 과장법을 인용하여 강조하고 있다.

아무리 나이를 먹어도 어머니에 대한 그리움은 늙지 않는다.

아들을 낳고 자식을 위해 헌신만 하였던 어머니의 생전 모습이 떠올라 마음이 아리다. 늦가을 어머니와 영영 이별한 뒤 수많은 시간이 유수처럼 흘러가 버렸다. 자연은 돌고 돌지만 한번 가신 어머니는 다시 돌아오지 않는다.

문득 「한시외전 韓詩外傳」에 전해져 오는 7언고시 '나무가 고요히 있고자 하나 바람이 그치지 아니하고, 자식이 부모를 모시고자 하나 기다려주지 않는다.'라는 풍수지탄 風樹之歎이 내 가슴을 저미어 든다. 오늘따라 더욱 어머니가 몹시도 보고 싶다. 작은아들 먼저 하늘나라로 보내고 한동안 눈물로 보내셨던 그 어머니가.

뒷마루에 앉아 마이산 쪽만 하염없이 바라보며 눈물을 훔치시던 어머니가 가슴 저리게 그립다. 삼베를 다시 정갈하게 접어 장롱 속에 깊이 넣어두었다. 그리운 어머니를 마음에 켜켜이 고이 간직하듯이.

-「그리움은 늙지 않는다」 중 일부

의석은 '아무리 나이를 먹어도 어머니에 대한 그리움은 늙지 않는다.'라고 절규하듯 강변하면서 '어느 해 늦가을 어머니와 영영 이별한 뒤, 수많은 시간이 유수처럼 흘러가 버렸다.'라고 자탄한다. 봄, 여름, 가을, 겨울 사계는 윤회적輪廻的으로 돌고 돌지만, 한 번 가버린 어머니는 다시 돌아오지 않는다며 인생이 일회성一回性임을 몹시 안타까워하고 있다.

경덕왕 대 선승禪僧 월명사月明師는 죽은 누이를 그리워하며 지은 향가 「제망매가祭亡妹歌」에서 '생사生死의 길은/ 여기에 있으매 두려워하고 /나는 간다고 하는 말도 / 왜 못다 이르고 가버렸는가? / 어느 가을 이른 바람에/ 여기저기에 떨어지는 잎들처럼 / 가는 곳을 왜 모르던가? /아아! 미륵 세계에서나 만나볼 나/ 도를 닦으며 기다리겠노라'라고 노래한 향가鄕歌가 연상된다.

월명사는 불도를 닦은 선승禪僧이라지만 누이동생의 죽음 앞에 제祭를 지내며 속세의 인생무상을 절감한다. 죽음의 슬픔을 가을날 떨어지는 낙엽에 형상화形象化(Imagination)한 10구체 향가로 현대 시 못지않은 노래이다. 싸늘하게 부는 바람에 흩날리는 낙엽이 어디로 가는지 알지 못하는 것처럼 사랑하는 누이의 죽음으로 인한 슬픔을 절절히 그려낸 사매곡思妹曲이다.

의석 하광호 작가가 말하는 7언고시 풍수지탄風樹之嘆은 전한前漢 때 경학자經學者 한영韓嬰이 지은 『시경』의 해설서로 잡다한 고사故事와 설화를 인용한 해설서이다. 우리 인간은 영물靈物이라고 하나 자기 스스로 몸소 느끼거나 겪어보지 못한 것들은 애당초 알지 못하는 바보스러운 우물愚物이다. 연년이 가을이 가고 또다시 오건만, 가을은 지나간 예년의 그 가을이 아니며 겨울도 그 겨울이 아니다.

우주 만물의 운행 법칙은 끝없이 반복되어도 지나간 그 봄은 다시 오지 않고, 그 여름이나 그 가을도 오지 않으며, 오는 겨울도 그러하다. 우리 인생의 삶, 또한 이런 우주의 운행과 조금도 다를 바가 없다. 이처럼 한번 가버린 사람도 다시 오지 않으며, 지나간 세월도 또다시 오지 않으므로 본디 중생은 슬픈 존재라는 것이다.

그래서 불가에서는 우리의 인생을 전생과 현세, 내세라고 세 바퀴 수레처럼 삼세三世가 돌고 도는 윤회輪廻의 법칙으로 해석하며 세상살이를 자비慈悲롭게 살아야 한다는 위안을 주고 있다. 본디 윤회라는 것은 인도의 사상과 세계관으로 정립된 스페인어 '삼사라Samsara'라는 말에서 유래된 말이다. 이 말은 사람뿐만 아니라, 이 세상에 존재하는 모든 동물이나 초목들까지도 살아 있는 '중생衆生'들이라면 필연적으로 거쳐야 하는 사이클이라는 의미를 담고 있다.

그리고 몸뚱이인 '물物'은 죽어 사라질지라도 그 넋인 '혼魂'은 영원히 살아남아서 다른 물체로 옮겨가는 것이라 했다. 마치 수레바퀴와 같이 윤회하는 것처럼 멎지 않고 이승과 저승으로, 새로운 세상에 다시 태어나 언제 어디서 어떻게 될지 아무도 알 수 없는 삶과 죽음을 되풀이한다는 위로를 넌지시 던지고 있다. 새로 태어나는 사람들은 정녕 지나간 옛사람이 다시 돌아오는 게 아니라고.

그래서 우리 인생은 슬픈 존재라 하였다. 일시 잠깐 왔다가 가을날 떨어지는 낙엽처럼 어디론가 날아가 버리는 게 우리네 인생사라는 것이다. 그런 줄도 모르는 우리네는 스스로 천 년, 만 년이나 살아갈 것처럼 큰소리 떵떵 치며 자신만만 만용을 부리는 게 다반사다. 그래서 불가에선 그런 인간들을 중생衆生이라 일러왔다. 중생이란 말은 어원적으로 보면 '짐승'이라는 말에서 유래되었다고 보는 게 옳은 말이다.

정말 우리 인간들이란 때론 짐승보다 더 우매하고 더 바보스러울 때가 많다. 자기 스스로 몸소 느끼거나 겪어보지 않고는 애당초 전혀 알지 못하는 존재가 우리 인간들이기 때문이다. 부모가 살아 있을 땐 느끼지 못했던 존재감도 돌아가신 연후에야 아무런 대가 없이 쏟아부은 부모의 끝없는 사랑을 비로소 한없이 깨달으며 아쉬워한다.

뒤늦게나마 그 내리사랑의 일부라도 바치려 하지만 부모는 기다려주지 않는다는 때늦은 후회를 '바람과 나무의 탄식' 곧 풍수지탄風樹之嘆에 오롯이 담을 때론 우리 가슴을 저미게 한다. 흔히들 '가지 많은 나무, 바람 잘 날 없다.'라는 속언도 자식들이 많은 부모는 그런 아들딸 때문에 근심과 걱정이 떠나질 않는다는 자식 사랑을 말할 때 항용 쓰이는 일상적인 수사修辭다.

3. 유교의 재도관載道觀으로 이룬 미셀러니

프랑스의 문학사가이자, 과학자이기도 한 뷔퐁(Buffon 1707~1788)은 프랑스 아카데미 회원으로 들어갈 때 입회 연설인 「문체론」(1753)에서 '문장은 인간이다.'라고 하였다. 고려 고종 조에 최자崔滋(1188~1260)는 '문장은 인간의 도道를 실어야 한다.'라는 문이재도文以載道를 내세워 작품과 작가가 하나여야 함을 강조한 것처럼 의석 하광호 작가의 제1수필집에는 정말 작품과 작가가 하나인 것처럼 똑같다는 생각이 든다.

의석 하광호 작가는 어머니에 대한 모정이 으뜸이요, 아버지에게 향하는 부정은 그다음이지만, 형제자매에 대한 정情도 부모 정에 못지않은 우애의 재도 관을 지닌 수필가이다. 의석의 첫 처녀 수필집 속에는 이러한 정명의正名의 사람다운 정情과 사랑이 여러 작품 속에 켜켜이 녹아내려 독자들의 마음이 절절히 조명照明되고 있는 게 편편이 느껴진다.

앞에서 전술했듯이 2023년『문예사조』시 부문에 등단한 시인이어서인지 수필문장의 수사修辭가 모두 시적 수사로 자연 속에서 우리의 삶을 분석하고 해석하는 솜씨가 남달라 독자들을 감동으로 이끌고도 남음이 있다.

> 30여 년 전 작은형이 교통사고로 세상을 떠났다. 처음엔 어머니에게 알리지 않았다. 6개월 정도 시간이 흐른 뒤에서야 어머니는 눈치로 알아차린 것 같았다. 어머니는 한동안 말씀을 하지 않았다. 그저 먼 산만 바라보다가 자리에 눕곤 하였다. 그런데 언제부턴가 혼자 흥얼거렸다. 무슨 노래인지는 몰라도 흐느끼는 것 같기도 하고, 훌쩍이는 것 같기도 했다. 고향 은천마을에서 마을 주민들이 함께 부르던 가락 같았다.
>
> -「노들강변」 중 일부

「노들강변」이란 본디 우리나라 민요다. 세상살이의 한恨을 물에 띄워 보내는 절절한 심정을 읊은 노래이다. 무정세월 한 허리를 칭칭 동여매려는 듯 가물가물 곡조를 타는 것을 엿들었다면서 어머니가 노래 부르는 그런 모습을 본 기억이 거의 없었다고 진술하고 있다. 그러나 물 흐르듯 자연스럽게 곡을 흥얼거리는 것을 보니 꽤 자주 부르신 듯한 솜씨라고 되돌아보았다.

인생이 무상하고 외로움을 느낄 때마다 노래를 부르며 평정심을 되찾았으리라는 생각이 들었다고도 하였다. 세월은 아픈 속내와 무관하게 속절없이 흘러가듯 남편도, 작은아들도 잃은 슬픔을 삭이면서부터였을 것이라고도 했다. 등 굽은 소나무 한 그루를 지키는 건 세월의 매정한 바람뿐이었으리라.

어머니를 모시고 살면서도 아들과 며느리는 직장 생활하느라 나가고 없으면 혼자 늘 집을 지켰으니 얼마나 외로웠을까? 라며, 지금 생각하니 더욱 불효한 것 같다고 추억하기도 했다. 다시 말한다면 의석의 수필은 작가 자신을 그대로 드러낸 아름다운 사생화寫生畵 같다는 말이다.

우리나라 사람이라면 누구나 즐겨 아는 이 민요는 문학적 형상화形象化(Imagination)가 짙게 묻어나는 민요로 사람들의 마음을 에어서 녹아내리게 한다. '노들강변 봄버들 휘휘 늘어진 가지에다가/무정세월 한 허리를 칭칭 동여서 메어나 볼까'에 층층이 녹아내리고 있다. '휘휘 늘어진 봄버들', '무정세월 한 허리', '칭칭 메여서 동여서 메어나 볼까'의 문학적 수사修辭가 그것이다.

퇴계 이황李滉(1501~1570)도 「도산십이곡陶山十二曲」 발문 중 뜻을 말한 전 6곡과 학문을 말한 후 6곡에서 '이 작품은 아이들이 익히게 함과 동시에 노래하게 하여 노래하는 자나 듣는 자 모두 비루 鄙陋한 마음을 씻어 내려서 감발感發하고 온화溫和하게' 하기 위한 교훈적인 입장에서 쓴 것이라는 공리성功利性을 분명하게 밝혀내었다.

그러나 이러한 문학의 공리성이나 효용성은 요즘 세계를 휩쓴 3년의 코로나 정국을 넘어선 이후 우리나라는 서구적인 합리성보다 동양적인 두터운 정의성情誼性이 넘쳤던 사랑과 정이 사라져가고 있다. 온 나라가 칼바람 나는 겨울 날씨처럼 싸늘해져서 세상살이가 예사롭지 못한 정국이다.

아무리 세상이 바뀐다 해도 문학을 통해 비루 鄙陋한 마음을 씻어내고 감발感發하고 온화溫和하게 하는 문학의 효용성은 사라질 수 없다는 생각은 떠나질 않는다. 이러한 세상을 보는 관점(Viewpoint)은 시인이나 소설가에게도 필요한 요소이지만, 수필가에게는 더더욱 빼놓을 수 없는 필요불가결한 요건이 아닐 수 없다.

고려조 최자의 재도론載道論의 도道는 공자가 말한 「대동大同」과 「정명正名」의 철학 가운데 정명의 길이다. 이 길은 그 이름이 일컫듯이 '임금은 임금다워야 하고 신하는 신하다워야 하며, 아비는 아비다워야 하고 아들은 아들다워야 한다.'라는 말처럼 이름하는 대로 사람은 마땅히 올바르게 몸가짐을 해야 한다는 것이다. 이러한 철학은 고금동서를 막론하고 사람은 사람다워야 한다는 만고의 옹골진 진리가 아닐 수 없다.

의석 하광호 작가는 공무원으로 39년 봉직의 삶을 살아가면서도 프로와 같은 배구, 테니스 운동과 등산도 하고 서예 한글과 한문 전서와 해서를 배우고 익히면서 부단한 삶을 알차게 살아왔다. 때론 행정사 자격증, 배구 공인 심판증, 인문예절지도사증, 안전요원증, 자원봉사자증, 소방안전관리자증, 위험물안전관리자증, 페인트공 기능사증, 도배 자격증, 롤러운전기능사 자격증도 따내며 박학다식의 인생을 짜장 살아왔을 뿐만 아니라, 수필가이며 시인으로 문학의 길을 탄실하게 걸어온 문학가이다.

마침내 처녀 수필집 『그리움은 늙지 않는다』를 상재하기에 이르니, 연이어 제2집, 3집으로 이어져 진선미 우리 인간의 아름다운 삶을 무채색 햇빛을 프리즘을 통해 일곱 빛깔 영롱한 무지개로 피워내듯 아름다운 수필을 옹글게 생산해주길 바란다.

거듭 의석의 첫 수필집 출간을 마음속 깊이 축하드리며 문운도 더불어 창성하기를 바라는 바이다.

■ **전일환**全壹煥

수필가, 문학박사, 국문학자, 전주대학교 한국어문학과 명예교수, 신아문예대학 수필창작 전담교수, 한국예총 완주지회장, 전라정신연구원 고문, 전 전주대부총장, 전 베이징한글학교장, 전 한국언어문학회장.

하광호 수필집

그리움은 늙지 않는다

인쇄 2023년 11월 10일
발행 2023년 11월 13일

지은이 하광호
발행인 서정환
펴낸곳 수필과비평사
주소 서울시 종로구 삼일대로 32길 36(익선동 30-6 운현신화타워 빌딩) 305호
전화 (02) 3675-3885, (063) 275-4000 · 0484
팩스 (063) 274-3131
이메일 sina321@hanmail.net
essay321@hanmail.net
출판등록 제300-2013-133호
인쇄 · 제본 신아출판사

ISBN 979-11-5933-494-8 03810
값 14,000원

이 책은 2023 『전라북도 문화관광재단』지원 받아 출판하였습니다.